CE QUI EST

Du même auteur, chez le même éditeur

– *Tout ce qui est*
– *Cette liberté*

Titre original
As it is

3 allée des Œillets
40230 Saint-Geours-de-Maremne
accarias@orange.fr
www.originel-accarias.com

ISBN 978- 2-86316-354-2

Dépôt légal : 1er trimestre 2010

TONY PARSONS

CE QUI EST

Traduction de
Philippe de Henning
et Dominique Anglesio

Édition revue et augmentée par l'auteur

3e édition

ÉDITIONS ACCARIAS
L'ORIGINEL

Si vous voulez prendre connaissance de notre catalogue général,
vous pouvez soit le consulter sur Internet :
www.originel-accarias.com
soit nous écrire à
Éditions L'Originel – Accarias
5 passage de la Folie-Régnault
75011 PARIS

SOMMAIRE

La nature de la libération est directe, simple et aussi naturelle que la respiration. Beaucoup la croiseront au détour du chemin et s'en détourneront pour retourner promptement à ce qu'ils pensent pouvoir savoir et faire. Mais il y a ceux en qui résonnera l'invitation... soudain ils verront et seront prêts à se départir de toute recherche, et jusqu'à celle de ce qu'ils ont nommé l'illumination.

Il n'y a que la Source. Tout ce qui se manifeste n'est jamais que l'apparence de la Source... l'univers apparent, le monde, notre histoire intime, le corps-mental, les sentiments, le sens de la séparation, la recherche de l'illumination, tout cela est l'Un sous les apparences du multiple, le rien prenant les allures du tout. La tragi-comédie de la quête spirituelle est totalement dénuée de sens, c'est l'éveil d'un rêve qui se résorbe en lui-même.

Il n'est pas d'intelligence supérieure tissant de destinée particulière et il n'existe aucune faculté de choix opérant à quelque niveau que ce soit. Rien n'est né et rien ne meurt. Rien ne se passe. Pour le chercheur illusoire tout ce qui apparaît à la conscience n'est qu'une invitation à redécouvrir son origine.

A l'instant où cette invitation est enfin acceptée sans qu'il soit " personne " pour y souscrire, il est vu de façon irrévocable que tout ce qui est *est* la Source… immuable, impersonnelle et sans cause, éternelle célébration d'un Amour inconditionnel et sans limite.

Voilà le merveilleux mystère !

AVANT-PROPOS

L'indice que vous êtes en présence d'un éveillé est que, quelle que soit l'application avec laquelle vous tentez de saisir cet être ou son enseignement, vous vous en retournez toujours les mains vides. C'est le secret ouvert de leur présence éveillée. Bien que les enseignements sur l'éveil ne puissent être pleinement saisis par le mental, l'immédiateté de la compréhension authentique est toujours à la disposition d'un cœur ouvert.

Et c'est ainsi que mon bonheur a été, après avoir passé un après-midi à converser avec Tony Parsons, de m'en retourner les mains vides. Persistait, cependant, la résonance de qui et de ce qu'est Tony Parsons.

Tony vit à l'aise dans la compréhension paradoxale qu'il n'y a ni " soi séparé " ni " autrui indépendant " et il l'affirme par ses paroles et sa présence. Dans ces enseignements simples, nous découvrons la voie d'une nouvelle naissance et faisons l'expérience de la sagesse intemporelle fondée sur les enseignements non-dualistes de l'Unicité.

En Tony, je n'ai trouvé ni enseignant, ni prédicateur, mais une présence qui a permis à notre conversation de se déployer et de fleurir en un silence palpable, enraciné dans le moment présent. Avec ses yeux pétillants et une aisance contagieuse, Tony n'emploie aucun jargon complexe pour communiquer avec les autres. Ses mots simples sont cependant d'une clarté sans compromis et jaillissent directement de l'immédiateté de sa propre expérience. En sa présence, vous savez qu'il n'est pas identifié à "... l'histoire de sa vie, la pensée, le corps, les expériences de plaisir ou de douleur, de succès ou d'échec, la tranquillité, la compassion, la recherche, la découverte ou tout ce qui peut tomber sous la dénomination d'expérience spirituelle ".

Ce que vous trouvez par contre chez Tony, c'est une présence, qui permet à toute chose d'être " telle qu'elle est ". Et il affirme avec insistance que "... rien, absolument rien, n'a besoin d'être ajouté ou retiré de nous-mêmes pour être qui nous sommes. Aucune condition n'a besoin d'être remplie. L'infini n'est pas quelque part ailleurs à attendre que nous devenions dignes de lui ". Les paroles de Tony sont à la fois une description et une prescription : laissez la vie être, simplement telle qu'elle est.

Ce que vous ne trouverez pas dans *Ce qui est*, ce sont des techniques ou des procédés qui nous conduiraient à cette compréhension de l'Unicité. Bien que cela puisse frustrer certains lecteurs, Tony ne cesse d'affirmer résolument, sans varier, que la seule manière de réaliser notre vraie nature est d'être avec la vie " telle qu'elle est ", sans essayer de changer quoi que ce soit. Après tout, comme il n'est pas de moi séparé, “ qui ” donc pourrait provoquer un quelconque changement ? Quand nous abordons la vie sans tenter de la changer, comme le professe Tony par sa propre expérience, on découvrira que tout se prête à être “... le fond de l’amour inconditionnel, car il n’y a rien qui ne soit sacré, et peu importe l’état particulier en lequel je puis être, je vois que la grâce est continuellement disponible.

Quand il n’y a plus de soi illusoire, séparé, le fond de l’amour inconditionnel apparaît. C’est ce qui est toujours ouvert et à notre disposition. Il n’y a rien qui existe qui ne soit embrassé par le fond de cette unité naturelle. Le “ secret ”, c’est qu’il n’y a aucune séparation, mais cela reste un secret aussi longtemps que nous imaginons que nous sommes ‘quelqu’un’. ”

Le livre de Tony, *Ce qui est*, est un joyau de simplicité avec un message intemporel destiné au cœur prêt à réaliser qu’“ il n’est nul besoin de languir pour la transformation, de courir après l’état de non-agir, la béatitude permanente, l’état sans ego, ou le calme d’un esprit tranquille. Vous n’avez même pas à attendre que la grâce descende, car vous êtes, je suis, et ceci est déjà grâce éternelle ”.

Et la grâce, c’est que ce livre soit maintenant entre vos mains.

Richard C. Miller, Ph. D.
Sebastopol, Californie, juin 2000

NOTE DU TRADUCTEUR

A cette excellente présentation de l'auteur et de son ouvrage, je ne saurais manquer d'ajouter qu'à mes yeux Tony Parsons est en ce moment un véritable cataclysme de légèreté et d'insoutenable insouciance... Tandis que certains enseignements contemporains se réclamant de l'unicité " atterrissent " – pour peu qu'ils aient jamais plané très haut – dans un pragmatisme arithmétique d'épicier spirituel, l'expression de Tony m'est apparue, elle, avoir été catapultée, depuis notre dernière rencontre il y a quelques années, vers une ascension exponentielle des sommets de la folie jubilatoire, du non-sens originel et de l'absence de sérieux.

La puissance de son message actuel ne peut réellement s'éprouver qu'en la résonance partagée de sa compagnie et celle de ceux qu'il éveille à la perspective vertigineuse de l'ultime. En préambule à une telle rencontre, *Ce qui est* est une très précieuse et rare introduction à l'ouverture, l'ouverture absolue n'ouvrant plus sur rien et qui est tout.

Philippe de Henning
Berlin, janvier 2002

NOTE DE L'AUTEUR

Le texte présenté ici au lecteur français diffère quelque peu de l'édition américaine qui a servi de canevas à cette traduction. En effet, dans la plupart des cas, j'ai préféré revenir aux formulations et termes exacts des éditions originales anglaises, qui me paraissaient plus appropriés. Certaines parties du texte, évaporées outre- atlantique, ont été rétablies et d'autres passages ont fait l'objet de développements.

D'autre part, j'ai profité de cette nouvelle édition pour ajouter dans la deuxième partie du livre des extraits de dialogues récents qui m'ont semblé significatifs.

Enfin, en remerciant tous ceux qui ont contribué à la sortie de cette version française réactualisée, je tiens à rendre hommage à Philippe de Henning pour le dévouement et la ténacité avec lesquels il s'est consacré à cet ouvrage et à saluer sa perspicacité et la profonde compréhension qui a inspiré sa traduction.

Tony Parsons
Cornwall
Janvier 2002

INTRODUCTION

Voici un livre qui déclare que l'illumination est soudaine, directe et qu'elle est une flambée d'énergie, continuellement à la disposition de quiconque se trouvant disposé à lâcher prise et à la laisser être. C'est le secret ouvert, qui se révèle dans tous les aspects de nos vies. Aucun effort, aucune voie de purification, aucun processus, ou enseignement d'aucune sorte, ne peut nous y mener, car le secret ouvert n'est pas du domaine de nos efforts pour transformer la façon dont nous vivons – il concerne la redécouverte de " qui " est ce qui vit.

Aucun concept, ou ensemble de concepts, ne peut exprimer l'illumination. Essayer de partager en mots la redécouverte et la merveille de qui nous sommes est un procédé aussi futile que d'écrire une recette de baba au rhum et de s'attendre à ce que quelqu'un puisse en éprouver le goût en la lisant.

Il me semble que la communication verbale ne peut être que l'expression d'une compréhension, et je partage avec vous ma compréhension de ce que je sens être l'aperçu le plus important et le plus libérateur qu'il soit possible d'embrasser.

Il n'y a rien de nouveau qui soit exprimé ici.. Nous

avons tous le sentiment de cette illumination, qui a été décrite et exprimée de diverses manières et à partir d'influences et d'arrière-plans variés.

Certaines personnes avec lesquelles je l'ai partagée l'ont soigneusement étiquetée et précautionneusement remisée aux archives. Nombreux sont ceux qui l'ont croisée en chemin et s'en sont promptement détournés pour retourner à ce qu'ils pensent pouvoir " savoir " et " faire ". D'autres ont dit que " la vie n'est pas aussi simple ". Je dois dire que la simplicité a été un des plus merveilleux aspects qui m'ait surpris à propos de cette révélation, en même temps que sa nature d'ouverture absolue, embrassant tout. Il y a ceux qui croient que " l'illumination prend du temps ", ou qu'ils ont besoin de faire l'expérience de divers processus, ou de réaliser certaines croyances, avant de considérer " ce type d'approche ". Certains se sont plaints d'avoir pratiqué la conscience du présent et que " rien n'a changé, ni ne s'est amélioré " ! D'autres ont vigoureusement rejeté l'idée que la liberté puisse être réalisée autrement que par l'effort, le sacrifice et la discipline. Enfin pour certains ce message a été entendu et ils ont fait le saut à leur manière propre et singulière.

Mais quel que soit l'endroit ou le moment d'où cette intuition est communiquée, elle n'a aucun rapport avec une gratification, une croyance, un chemin ou un processus. Elle ne peut être enseignée, mais se partage continuellement. Parce qu'elle est notre héritage, personne ne peut se l'approprier. Elle n'a pas besoin d'être débattue, prouvée ou embellie, car elle est telle qu'en elle-même et ne peut qu'être ignorée et rejetée ou réalisée et vécue.

PREMIÈRE PARTIE

RÉFLEXIONS

S'ÉVEILLER DU RÊVE

Tant que nous restons enfermés dans l'expérience apparente d'être des individus séparés vivant une existence avec laquelle nous devons négocier, nous vivons dans un état de rêve.

Dans cet état de rêve, tout ce que nous faisons est gouverné par la loi des opposés, par laquelle tout acte soi-disant positif est exactement et également contre-balancé par son opposé.

De ce fait, toutes nos tentatives individuelles pour réussir notre vie, atteindre la perfection ou parvenir à la libération personnelle sont neutralisées.

Nous découvrons, à travers une réflexion et une compréhension profondes, qu'aussi longtemps que nous continuons dans ce rêve, nous vivons, en réalité, une vie qui tourne en rond. Nous sommes cloués sur une roue, où tout se répète continuellement encore et encore en un jeu d'images à peine divergentes. C'est la conscience qui se délecte d'une création emplie à la fois de contrainte et de liberté. Et en dépit de ce que nous croyons à propos de notre individualité et de notre libre arbitre, nous en arrivons à voir que nous ne sommes que des personnages rêvés, réagissant et répondant à partir de systèmes de croyances à la fois conditionnés et enracinés dans l'histoire.

Tout ce qui constitue la religion classique, l'art et la science, dans un monde que nous considérons en constante progression, survient dans le cadre des paramètres de cet état parfaitement équilibré et absolument neutre, qui sert uniquement à réfléchir une autre possibilité. En termes de libération véritable, rien ne se passe. Ce que nous avons apparemment créé est apparemment détruit, et ce que nous avons apparemment détruit est apparemment recréé.

Laissant notre nature originelle et intemporelle pour la conscience identifiée, nous avons créé cette condition humaine pour redécouvrir que le rêve que nous vivons n'a absolument aucun autre objet que de nous amener à nous en éveiller. Cet éveil émerge au-dehors du rêve, hors du temps, et il est complètement hors de portée tout à la fois de l'effort individuel, de tout cheminement, processus ou croyance.

CONTEXTE

Très jeune, j'avais le sentiment d'être dans un monde magique, en dehors du temps. Il n'y avait nul besoin de devenir quelque chose ou de faire quoi que ce soit – rien qu'une unicité non reconnue qui m'enveloppait simplement dans l'émerveillement de " ce qui est ". J'ai le sentiment qu'il en est de même pour la plupart des enfants.

Un jour, tout cela a changé et je suis entré dans le monde de la séparation et du besoin. Je me suis aperçu que j'avais un père et une mère distincts, un nom, et le choix apparent de faire ceci ou cela. Je m'engageai alors dans un monde de temps et d'espace, de limites et d'explorations, d'entreprise, de manipulation, de poursuite du plaisir et de fuite devant la douleur.

Avec le temps ces expériences me sont devenues si familières que je les ai fait miennes au point de les prendre pour ma manière d'être naturelle.

On m'enseignait aussi, et j'en étais venu à le croire, que si je travaillais dur, me conduisais bien et réussissais dans mon travail, choisi ou imposé, me mariais, avais des enfants et prenais soin de ma santé, j'aurais une bonne chance d'être heureux. J'ai fait tout cela avec un succès certain et par moments me suis bien amusé, mais je me suis aussi aperçu que quelque chose d'intangible et de fondamental semblait manquer. Un secret d'une certaine sorte.

En conséquence, j'ai décidé de me mettre en quête de ce qui manquait par l'intermédiaire de la religion.

À nouveau, on me dit que si je travaillais dur et que si je m'appliquais à diverses disciplines, rites et purifications, j'en viendrais finalement à mériter un " accomplissement spirituel ". À nouveau, je me suis complètement engagé dans tout ce qui me semblait approprié, mais toujours sans parvenir à découvrir la raison de ce sentiment d'insatisfaction.

Un jour, presque comme par accident, j'ai redécouvert le secret ou peut-être qu'il m'a redécouvert.

Expliquer ce qui s'est produit est tout à fait impossible. La description qui en paraît la plus proche est d'avoir été bouleversé par un amour et une compréhension totale, absolument au-delà de toute imagination.

La révélation qui accompagnait cette redécouverte était si simple, et cependant si révolutionnaire, qu'elle a balayé d'un coup tout ce qui m'avait été enseigné, ou que j'en étais arrivé à croire.

Une partie de cette réalisation consistait à voir que l'illumination est absolument au-delà de tout effort de ma part pour changer ma manière de vivre, ou même d'influer sur le cours de la vie elle-même.

Cela s'apparentait à une véritable mutation dans la réalisation de " qui " est ce qui vit.

Car je suis déjà ce que je cherche. Tout ce que je cherche ou pense vouloir, quelle que soit la longueur de la liste, tous mes désirs, ne sont qu'un reflet de cette aspiration à revenir " chez soi ". Et chez soi, c'est l'unicité ; chez soi, c'est ma nature originelle. C'est ici même, simplement en " ce qui est ". Il n'y a nul autre endroit où je doive aller et rien d'autre que je doive devenir.

Depuis ce moment, j'ai embrassé et vécu cette révélation – et je l'ai aussi esquivée et parfois rejetée.

Il est évidemment impossible de communiquer en mots l'inexprimable, et ainsi ce témoignage est une tentative d'exprimer *ma* compréhension de cette révélation. J'essaie d'expliquer ici la manière dont mes idées reçues à propos de l'illumination, du temps, des objectifs et des efforts à faire pour atteindre l'accomplissement spirituel peuvent directement occulter cette unicité par ailleurs continuellement et directement disponible. J'essaie d'expliquer comment l'illusion de la séparation, de la peur, de la culpabilité et de l'abstraction peuvent me détourner de la liberté qui embrasse et transforme ces influences.

J'exprime aussi de la meilleure manière possible combien il est sans effort et naturel de s'abandonner et de s'ouvrir à cette liberté.

Voir ce livre comme une exhortation à mener une vie méditative ou à " vivre ici et maintenant " serait passer totalement à côté de ce dont il est question ici..

Ce témoignage décrit un saut singulier et révolutionnaire dans la perception de ce que nous sommes réellement. Il ne demande ni embellissement, ni longues et interminables explications et, une fois compris , ne laisse rien de plus à dire.

Pour des raisons de clarté, les mots *illumination, libération, accomplissement, liberté, unicité* et autres sont tous vus ici comme étant la même chose que l'absolue réalisation par quiconque de ce qu'il est réellement.

RIEN À ATTEINDRE

Pour moi, la réalisation de l'illumination, ou de la nature de qui je suis vraiment, n'est pas une chose qui peut être exprimée. Ce qui est arrivé ne peut même pas être appelé " expérience ", parce que l'expérimentateur séparé devait nécessairement être absent pour qu'ait lieu cette émergence.

Cependant, ce qui a accompagné cet événement a été une réalisation d'une grandeur tellement simple et d'un contenu si révolutionnaire, que j'en suis resté stupéfait et tout à fait seul.

Une des choses que j'en suis venu à voir est que l'illumination n'est susceptible de se produire qu'à partir du moment où il a été accepté qu'elle ne peut être " atteinte ".

Les doctrines, processus et voies progressives tournées vers une recherche de l'illumination ne font qu'exacerber le problème en confortant l'idée que le moi peut retrouver une chose qu'il présume avoir perdue. C'est précisément cet effort, cet investissement dans l'identité de soi qui recrée continuellement l'illusion de la séparation de l'Un. C'est le voile à l'existence duquel nous croyons si fermement, le mirage de l'individualité.

C'est comme quelqu'un qui, s'imaginant au fond d'un trou profond, creuse plus profond encore pour s'échapper, rejetant la terre derrière lui au point de couvrir la lumière qui est déjà là.

Le seul effet positif de ce terrible effort pour devenir " ce que je suis déjà " est que je vais finir par m'effondrer, épuisé, et lâcher prise. Dans l'espace de ce lâcher prise, une autre possibilité peut surgir. Mais la tentation d'esquiver la liberté par la sacralisation de l'effort est très séduisante. Lutter au royaume du temps et de la durée n'appelle pas la libération.

La vie n'est pas une tâche. Il n'y a absolument rien à atteindre, sauf la réalisation qu'il n'y a absolument rien à atteindre.

Aucune somme d'efforts ne persuadera jamais l'unicité d'apparaître. Tout ce qui est nécessaire, c'est un saut dans la perception, une vision autre, déjà inhérente, mais non reconnue.

PERSONNE NE DEVIENT ILLUMINÉ

J'avais l'habitude de croire que des gens parvenaient réellement à s'illuminer et que l'événement était semblable à celui d'une personne qui gagne le gros lot à la loterie. Une fois gagné, le bénéficiaire devait pour la suite recevoir la garantie d'une béatitude permanente, de l'infaillibilité et d'une bienveillance incorruptible.

Dans mon ignorance, je pensais que ces gens avaient obtenu et possédaient quelque chose qui les rendait spéciaux et totalement différents de moi. Cette idée illusoire renforçait en moi la croyance que l'illumination était virtuellement impossible à atteindre, sauf pour quelques rares et extraordinaires élus. Ces idées fausses jaillissaient de l'image que je me faisais de ce à quoi devait ressembler un état de perfection. Je n'étais pas encore capable de voir que l'illumination n'a aucun rapport avec l'idée de perfection. Ces croyances se renforçaient encore davantage quand je comparais mes insuffisances imaginées avec l'image que j'avais de mon " héros spirituel " du moment, quel qu'il fût, et vers lequel il m'arrivait d'être attiré à l'époque.

J'ai le sentiment que la plupart des gens voient l'illumination d'une manière similaire.

Il est certain qu'il y a eu, et qu'il y a encore, nombre de personnes qui cherchent à encourager des croyances de ce genre et qui ont effectivement déclaré avoir été illuminées. Je vois maintenant que c'est une déclaration aussi absurde que quelqu'un qui proclamerait à la face du monde qu'il peut respirer.

Fondamentalement, la réalisation de l'illumination apporte avec elle la soudaine compréhension qu'il n'y a personne et rien à illuminer. L'illumination *est*, tout simplement. Elle ne peut être possédée, pas plus qu'elle ne peut être atteinte ou gagnée comme une sorte de trophée. Tout et toute chose est unicité, et tout ce que nous faisons en essayant de la trouver se met en travers de sa survenue.

Ceux qui se déclarent être illuminés, ou le laissent croire, n'ont simplement pas réalisé la nature paradoxale de l'illumination et présument posséder un état qu'ils imaginent avoir obtenu. Il est vraisemblable qu'ils ont eu une profonde expérience personnelle d'une certaine sorte, mais cela n'a absolument aucun rapport avec l'illumination. En conséquence, ils restent encore enfermés dans leurs propres concepts individualistes, fondés sur leurs propres systèmes de croyances particuliers.

Ces gens ont souvent besoin de prendre un rôle d'" enseignants spirituels " ou de " maîtres illuminés" et attirent inévitablement ceux qui éprouvent le besoin d'être étudiants ou disciples. Leur enseignement, encore enraciné dans le dualisme, encourage inévitablement une distance entre l' " enseignant " et ceux qui se trouvent amenés à suivre l'enseignement. A mesure que s'accroît le nombre de ceux qui le suivent, le rôle d'exception du maître a besoin d'être souligné.

Un des symptômes habituels, lorsqu'un rôle de ce type a été adopté, est un refus féroce d'admettre ou de manifester quelque faiblesse humaine que ce soit. Cette situation creuse généralement un abîme entre le " maître " et ses adeptes, masculins ou féminins.

Tandis que le côté à part du " maître " s'affirme de plus en plus et que les demandes des adeptes s'accroissent, invariablement, les enseignements deviennent de plus en plus obscurs et alambiqués. Au fur et à mesure que s'étend cette obscurité sur l'enseignement, le fossé ne cesse de se creuser de plus en plus profondément et souvent nombre d' adeptes en proie à une confusion grandissante deviennent de plus en plus soumis. L'effet habituel sur ceux qui se trouvent entraînés dans ce genre de situation peut être l'adulation aveugle, la désillusion ou encore un réveil salvateur conduisant à poursuivre la recherche ailleurs.

Cependant, ce genre d'influences a établi et entretenu dans l'inconscient collectif un illusoire sentiment de doute et d'impuissance à propos de la capacité des gens à s'ouvrir et à réaliser une chose qui est aussi naturelle, simple et disponible que la respiration.

Ceux qui ont complètement compris et embrassé l'illumination n'ont absolument rien à vendre.

Quand ils partagent leur compréhension, ils n'ont aucun besoin de s'embellir eux-mêmes, ni ce qu'ils partagent. Pas plus qu'ils n'éprouvent d'intérêt à tenir des rôles de mères, de pères, ou d'enseignants.

Ce qui est " à part " engendre l'exclusion, alors que la liberté se partage au travers de l'amitié.

LE TEMPS

Dans mon état de séparation, j'en étais venu à accepter, sans autre question, l'existence et les effets du temps. Croyant au temps, j'épousais inévitablement le concept et l'expérience d'un début, d'un milieu et d'une fin – d'un *voyage* vers la réalisation d'un but ou d'une conclusion de l'action.

Ce concept de voyage peut s'appliquer à tout, que ce soit bien travailler à l'école, créer une entreprise qui réussisse, ou réaliser l'illumination. Tout cela, c'était le chemin du devenir – la poursuite d'un résultat dans le temps.

Ce message était très puissamment gravé dans ma psyché par ce qui apparaissait être le processus de la naissance et de la mort. Un si puissant message reflétait et renforçait l'apparente irréfutabilité de l'existence du temps, de son écoulement et de ses effets. Faisant l'expérience de ce qui paraissait être les effets du temps, j'en vins à y croire. Croyant en l'existence du temps, j'en vins aussi à croire à la limitation de ma propre existence. Comme j'en venais à accepter cette limitation, j'en vins aussi à croire que j'avais besoin de faire usage du temps qui m'était imparti. Je devais faire quelque chose, atteindre quelque chose, devenir quelque chose de valable pendant le temps que j'imaginais me rester. En conséquence, la notion d' " objectif " émergea et avec elle mon attente et mon investissement dans ce que cet objectif pouvait rapporter.

ATTENTES ET OBJECTIFS

Je devins prisonnier de la limitation du temps et de la séparation au travers des attentes que je nourrissais à propos des buts. Je m'attelais à la poursuite de buts et d'objectifs divers dans ma vie, y compris de buts spirituels. Dans l'éthique religieuse traditionnelle, je suis tombé sur un kaléidoscope de doctrines et concepts occidentaux et orientaux que j'imaginais à l'époque représenter une riche tradition de sagesse faisant autorité en la matière.

Comme conséquence de ce que je voyais chez moi comme un manque spirituel, je décidai de devoir faire quelque chose – d'appartenir à quelque chose, de devenir quelque chose de valable. Je devais trouver un modèle de réalité qui satisfasse mon besoin de me sentir en progression quelconque vers un but quel qu'il soit.

Je décidai d'essayer de devenir chrétien.

Considérant l'information dont je disposais à cette époque, il me semblait que cette approche était appropriée. J'avais mon fond d'éducation occidentale, ma connaissance de l'histoire et de la tradition bibliques, auxquelles venaient s'ajouter les vérités, processus et rites apparemment indiscutables qui m'étaient présentés : péché originel, prière, confession, pardon, communion et purification, accompagnés de paroles saintes prononcées ou écrites.

J'avais l'impression que je faisais de mon mieux avec ce que je comprenais et tenais pour sacré à l'époque, et que ce que j'anticipais et attendais donnerait sens à ma vie spirituelle. Avec plus d'effort, demain serait mieux qu'aujourd'hui, un autre endroit mieux que celui-ci.

J'en vins à croire au message d'imperfection qui mène droit à la repentance, à travers laquelle on accède à une grâce accordée par laquelle je serais finalement considéré comme " méritant ", évoluer d'un niveau inférieur à un niveau supérieur d'existence.

J'avais maintenant les moyens dont je pensais avoir besoin pour réaliser le but qui, je l'imaginais, allait me combler.

Je pouvais solliciter par la prière et négocier par le biais de mon assiduité et de ma persévérance religieuse, tandis qu'un " Dieu le Père " trônant inébranlablement aux cieux tenait les comptes.

Il semblait y avoir là tant d'occasions, tant de connaissances et tellement de temps pour donner sens à ma vie, pour qu'elle devienne quelque chose de mieux, quelque chose de valable ! Mon objectif épousait mon espoir. Car c'était l'espoir de choses meilleures à venir qui m'encourageait à lutter, à me débattre, à résister et à persister dans mon effort de raffermir mon sens du devoir. J'étais capable à présent de progresser spirituellement pour moi-même et aider les autres à faire de même.

Objectif, espoir et conviction me donnaient l'énergie et la volonté de réussir. Objectif, espoir et conviction – ces valeurs révérées et puissantes en apparence, reconnues par tant de personnes comme étant tellement valables. Mais bien sûr, elles existent aussi dans l'ombre de la confusion, de l'impuissance et du désespoir. À l'époque, je n'avais pas reconnu cet aspect-là des choses. Finalement et inexorablement, le mouvement pendulaire des rencontres oscillant sans fin entre attentes et déception, effort et insuffisance, force apparente et faiblesse, jouèrent toutes un rôle pour me tirer de ce rêve.

Toutes ces communions et confessions, et toutes ces tâches spirituelles semblaient sans fin – vorace panier sans fond d'obligations que je devais remplir avec force prières, abstinence, humilité, dévotion et bonnes actions et, si j'arrivais jamais à bout de ce panier- là, il en surgirait un autre à remplir, en commençant probablement par l'obéissance et la chasteté.

J'ai essayé et essayé sans relâche, mais tout cela semblait tellement archaïque et dénué de joie! Attendre qu'un disciple, à l'origine apeuré et incomplet, pût, par la discipline de la négation et de l'adoration, devenir autre chose qu'un disciple apeuré et incomplet, semblait aussi futile que d'imaginer que le célibat est un chemin pour arriver à la célébration et à la plénitude. J'avais le sentiment de m'évertuer à cuire un gâteau sans aucun liant.

Toute tentative de traduire l'inexprimable en doctrine doit inévitablement, me semble-t-il, déboucher sur une représentation erronée, une idée contradictoire de la perfection qui convertit le subtil et merveilleux chant de liberté originel en une interminable suite de dogmes faits de contraintes et de limitations. Quand l'oiseau s'est envolé, l'essence de son chant est souvent perdue et tout ce qui nous reste est une cage vide.

J'aime l'histoire de Dieu et du Diable qui observent un homme découvrant le secret au milieu d'un désert. " *Tiens !* " dit Dieu au Diable, " *maintenant que l'homme a trouvé la vérité, tu n'auras plus rien à faire - Au contraire* ", répliqua le démon , " *je vais l'aider à l'organiser.* "[1]

Dès lors qu'il y a " religion organisée " en quelque lieu ou époque que ce soit, il peut aussi très aisément se développer un fertile terrain de croissance pour nos plus terribles peurs, notre culpabilité la plus noire et nos conflits les plus abominables --- individu contre individu, nation contre nation, et foi contre foi. Que nous détenions une croyance religieuse ou non, ces meurtrissures peuvent reposer au plus profond de nous-même et envahir chaque part de notre expérience.

1. D'après J. Krishnamurti, qui en était si friand, il s'agit de la seule histoire drôle de son vaste répertoire qu'il ai jamais inventé. *cf.* page 210 de l'ouvrage d'Evelyne Blau sur la vie de Krishnamurti – " *100 Years* " et page 16 du livre de Michael Kronen – " *The Kitchen Chronicles* "

Il apparaissait peu naturel et bien limitatif de soutenir une éthique fondée sur des " non " si purgatifs et autant de " oui " si soigneusement pesés, alors que je pressentais intuitivement que ce que je recherchais était absolument au-delà de l'un ou de l'autre. Dans ces circonstances, je suis passé à autre chose, entreprenant d'aller découvrir le monde de la thérapie et de la spiritualité contemporaines.

Ces approches vers l'accomplissement m'ont semblé plus intelligentes et plus tolérantes que tout ce que j'avais précédemment rencontré ; ces idées paraissaient tellement ouvertes et libératrices !

Il était formidablement excitant de se voir offrir les moyens par lesquels je pourrais apprendre à découvrir, guérir et intégrer ces parties de ma vie qui semblaient faire obstacle à mes relations avec les gens, la créativité, la santé et la richesse et, le plus important de tout, à l'estime que je pouvais avoir de moi-même.

Si nous pouvions tous faire cela, quelle merveille ce monde pourrait devenir ! Cela m'attirait, spécialement par contraste avec l'idée de devoir me couler dans le moule conceptuel de quelqu'un d'autre pour déterminer mon comportement dans la vie.

Il y avait là tellement de procédés nouveaux et intéressants parmi lesquels choisir, et tant de gens avec qui partager ce qui me semblait être l'aventure spirituelle du vingtième siècle ! Il était fascinant de s'engager dans des avancées si percutantes et lumineuses, la ruée des émotions, la peur et l'excitation à révéler mes secrets les plus profonds, à m'abandonner vraiment à mon gourou, à découvrir pourquoi j'étais si fasciné et si effrayé par les femmes... Partager les souffrances et les révélations d'autrui, les souvenirs des vies passées, les assauts du présent, les peurs et menaces du futur, tout était révélation et confirmation.

C'était tellement excitant et tout gravitait autour de “ moi ” !

Je me suis engagé dans les méditations les plus profondes et les plus éclairantes, ai dévoré les livres les plus récents et les plus chargés de signification et, bien sûr, me suis jeté avec un enthousiasme débordant dans les dernières thérapies. Elles jaillissaient de partout comme autant de nouveaux fruits à cueillir et à assimiler, ou encore à goûter et à rejeter – cette méthode de respiration-ci, cette affirmation-là, cette intégration-ci, cette énergie spéciale et importante-là – tout cela me fascinait en ces débuts. Si ces activités peuvent être considérées comme une gratification égocentrique, je m'étais déjà rendu compte que de toute façon, a *une* exception près, tout choix est engendré par une motivation à caractère personnel.

Exprimer ses sentiments devint une activité sacro-sainte, ainsi que le besoin de penser de façon positive, de pardonner à ma mère, de guérir mon enfant intérieur, de plonger dans mon passé et ainsi de suite. Toutes ces choses me devinrent des processus vitaux et importants à suivre – un peu comme les “ Dix Commandements ” du monde moderne.

J'ai passé une année entière en internat intensif,

faisant l'expérience de nombreuses thérapies contemporaines déterminantes, mâtinées de méditations orientales. Après un temps, je me suis installé dans celles de ces thérapies ou méthodes que je sentais les plus appropriées pour moi et qui m'apportaient les plus grands bénéfices.

J'ai fait l'expérience d'une montée considérable d'inhibitions auparavant tenues en respect et en suis venu à détecter et reconnaître des systèmes de croyances et des schémas qui avaient fortement influencé une grande part de mon comportement antérieur.

Il apparaît dans la plupart des cas que le " travail intérieur " a pour but un renforcement du sentiment d'identité et d'estime de soi. La théorie semble être que si je peux embrasser et assimiler ces processus, je peux éventuellement en émerger en tant qu'individu plus vivant, plus équilibré et efficace, ayant une idée claire de mes relations avec les autres et de mon rôle au sein du tout. Une telle structure devrait nécessairement être construite sur un ensemble puissant de croyances, développé à partir d'énormément de discipline et d'efforts. Mais la croyance se love à l'ombre du doute. Elle ne fonctionne efficacement qu'en proportion directe du *refoulement* des doutes qu'elle cherche à surmonter.

J'ai recommencé à voir que j'essayais de réparer et recoller des morceaux disparates, espérant qu'ils finiraient par s'assembler pour faire un tout. Mais cette approche contredisait directement ma compréhension que l'illumination était au-delà de mes efforts et de mes attentes concernant mon sentiment d'identité et la valeur que je pouvais m'accorder.

À ceux qui recherchent le changement en tant qu'individus emportés par la roue de la vie, le monde thérapeutique contemporain offre de formidables perspectives et une approche plus profonde, plus ouverte que tout ce qui s'est produit auparavant.

Dans mon cas, la première réalisation de l'illumination a directement suivi mon abandon de la voie religieuse, alors que j'avais environ vingt et un ans. Quelques années plus tard, je me suis engagé dans ces thérapies contemporaines, imaginant qu'elles pourraient être un véhicule apte à communiquer la possibilité plus profonde que je pressentais.

Je me suis aperçu que l'énergie engendrée dans le cadre de certaines thérapies peut ouvrir les gens à une perception plus profonde de la nature de la conscience et de ses implications.

Mais ici encore, je me suis retrouvé accaparé et fasciné par mes attentes qui gravitaient autour du temps, des objectifs et des buts.

Dans le champ de la temporalité, objectifs et buts sont parfaitement à leur place, mais il y a un tel investissement dans l'attachement et les attentes qui les entourent – devenir ceci, appartenir à cela, procédés pour changer ou s'améliorer, méthodes pour se purifier et ainsi de suite ! De nouveaux lieux et nouvelles personnes importantes, maîtres de conscience et enseignants de vérité, surgissent de partout et offrent leurs propres formules de vie singulières. Et, tandis que nous allons de l'un à l'autre, il semble que nous ne soyons pas disposés à voir que la liberté ne réside pas en un lieu ou un autre, simplement parce que la liberté, de par sa nature même, ne peut être exclue, ou exclusive.

Nous semblons ne pas voir, tandis que nous nous hâtons vers la prochaine apogée " spirituelle " escomptée, que le trésor que nous cherchons est à découvrir non là où nous allons, mais dans la simple nature des pas mêmes que nous faisons. Dans notre ruée vers une meilleure situation dans le temps, nous foulons la fleur de l'être qui s'offre en chaque instant.

Il me semble que notre attachement aux buts est né du besoin de nous prouver quelque chose à nous-mêmes. Mais la vie est simplement la vie et elle n'essaie absolument pas de prouver quoi que ce soit. Ce printemps-ci ne tentera pas d'être mieux que le printemps dernier, ni le frêne de devenir un chêne.

En abandonnant notre fascination pour l'extraordinaire et le spectaculaire, nous nous autorisons à reconnaître la merveille simple qui repose dans l'ordinaire.

Car la vie est à elle-même son propre but et n'a pas besoin de raison d'être. C'est là sa beauté.

LE PARC

Un jour, je traversais à pied un parc d'un faubourg de Londres. Je notais alors que j'avais l'esprit entièrement occupé par des projections à propos d'événements futurs pouvant ou non se produire. L'idée me vint de laisser tomber toutes ces projections et d'être simplement à ma marche. Je remarquais combien chaque pas était totalement unique par sa sensation et sa pression et comment, à peine en prenais-je conscience, il disparaissait l'instant d'après pour ne jamais se répéter de la même manière.

Tandis que mon esprit était occupé à ces réflexions, il y eut une soudaine *translation* - de moi en train d'observer ma marche, à la seule présence de la marche. Ce qui arriva ensuite est simplement au-delà de toute description. Je ne peux que dire, de manière inadéquate en mots, qu'une incommensurable présence tranquille sembla descendre et envelopper toute chose. Tout et chaque chose devint intemporel et je cessai d'exister. Je disparus et il n'y eut plus personne pour faire l'expérience de quoi ce soit.

L'identité avec l'unicité de toute chose est ce qui se produisit.. Je ne peux pas dire que j'étais " un avec " ceci ou cela, car j'avais disparu. Je peux seulement dire qu'une identité absolue avec l'unicité en tout et en chaque chose s'était produite et qu'un amour débordant emplissait tout. Avec cela survint une pleine compréhension de la totalité. Tout cela s'était passé hors du temps en un éclair qui parut éternel.

Il s'en suivit directement une révélation contenue dans cet événement si magnifique et révolutionnaire dans sa nature, que je dus m'asseoir sur l'herbe pour en assimiler les conséquences. Ce que je vis était simple et évident d'une certaine manière, mais complètement intraduisible d'une autre. C'était comme s'il m'avait été donné une réponse qui n'avait pas de question. Il m'avait été montré un secret qui est un secret évident, ouvert ; et que tout et chaque chose, connue ou inconnue, contient et reflète ce secret ouvert. La nature, les gens, la naissance et la mort, nos combats, nos peurs et nos désirs sont tous contenus en lui et reflètent un amour inconditionnel.

Des mondes et des vies mêlées défilèrent devant mes yeux, je sentis que je venais soudain d'être emporté par quelque chose qui me dépassait complètement et tout prit un nouveau sens. Je regardais l'herbe, les arbres, les chiens, les gens, qui se mouvaient comme auparavant, mais à présent non seulement je reconnaissais leur essence, mais *j'étais* cette essence, comme ils étaient la mienne. Ce fut, d'une autre manière, comme si tout, moi y compris, était enveloppé d'un profond amour, embrassant absolument tout et, d'une étrange manière, il me sembla que ce que je voyais n'était somme toute, rien de spécial... que c'est la norme qui d'ordinaire n'est pas perçue.

Pourquoi moi et pourquoi maintenant ? Comment pouvais-je avoir mérité de recevoir un tel cadeau sans rien avoir à donner en retour ? Je n'étais certainement pas pur dans le sens biblique, ou selon tout autre critère reconnu... enfin c'est ce que me suggérait mon esprit. Je n'avais pas vécu une vie disciplinée de méditation ou d'engagement spirituel quel qu'il soit. Cette illumination s'était produite sans aucun effort de ma part ! Il m'était simplement venu l'idée d'observer ma marche, ce qui s'était produit d'une manière facile et naturelle ; et c'est alors que ce trésor avait émergé.

J'en vins aussi à reconnaître que ce don apparent avait toujours été disponible et qu'il le serait toujours. C'était la plus merveilleuse réalisation de toutes ! Qu'absolument indépendamment de l'endroit, du moment ou de l'humeur dans laquelle je pouvais me trouver, cette présence était prête à émerger et à m'embrasser. Ce trésor était à redécouvrir, mais certes pas par des pratiques et rites spirituels ardus et en apparence de grande portée. Pas du tout. Ce merveilleux trésor embrassant et recouvrant tout s'offrait dans l'essence d'un pas, dans le bruit d'un tracteur, dans mon sentiment d'ennui, dans la présence d'un chat assis, dans les sentiments de douleur et de rejet, en haut d'une montagne, ou au milieu de

Balham High Street. Où que ce soit, je suis totalement environné et immergé dans la tranquillité, l'amour inconditionnel et l'unicité.

Plus tard, je commençai à me demander comment ce trésor pouvait être retenu. Mais de façon répétée j'en suis venu à voir que ce que j'avais cherché à redécouvrir ne peut jamais être l'objet d'un accomplissement ni mis en cage. Il n'y a rien que je doive faire, et l'idée même que je doive faire quelque chose pour mériter ce trésor suspend sa qualité propre.

Et c'est encore une fois le paradoxe, car l'instinct divin est continuellement prêt à s'offrir pour peu qu'il lui soit accordé la latitude d'être. Il est toujours à portée de main, dans un éternel état d'empressement, tout comme l'amant constant et fidèle est prêt à répondre au moindre de nos appels.

Quand je lui accorde d'être, il est ; quand je l'esquive, il est.

Il n'exige aucun effort, ne requiert aucun préalable et ne nourrit aucune préférence.

Étant intemporel, il ne voit aucun chemin à suivre, aucune dette à régler. Parce qu'il ne reconnaît ni bien, ni mal, il ne reconnaît pas non plus le jugement ni la culpabilité. Son amour est absolument inconditionnel. Il est simplement témoin avec clarté, compassion et allégresse de mon essor vers le retour.

Il est mon droit de naissance. Il est ma demeure. Il est déjà ce que je suis.

LA PRÉSENCE

Si de manière très inadéquate l'illumination pouvait être décrite en termes de qualités, ce serait pour moi l'amour inconditionnel, la compassion, la tranquillité et une joie sans cause. L'existence dans le temps n'est qu'un reflet de ces qualités, et tant que je maintiens et alimente ma croyance en mon identité séparée, je ne peux encore une fois qu'exprimer un reflet de ces qualités et non être leur essence.

Tant que je ne sais pas qui je suis, je suis dépourvu de l'essentiel.

L'illumination, cependant, a une autre qualité : celle d'être le pont entre l'intemporel et mon sentiment illusoire de séparation. Cette qualité-là est présence. La présence est notre nature permanente, mais, la plupart du temps, nous l'occultons en vivant dans un état d'expectative, de tension vers un but ou d'interprétation. Nous n'occupons pratiquement jamais notre demeure. Pour redécouvrir notre liberté, il nous faut lâcher ces projections et laisser une possibilité à la présence. Sa véritable découverte ou notre accès à cette dernière ne peut s'opérer qu'en l'essence de “ ce qui est ”. Là réside la vivacité spontanée et l'ouverture d'où nous pouvons accueillir l'inconnu.

Ici seulement, dans la conscience immédiate de simplement “ ce qui est ” peut-il y avoir libération de l'image de soi.

Vivre passionnément, c'est laisser tout tomber pour la merveille de la présence intemporelle. Quand nous sommes assez courageux pour permettre cela, nous redécouvrons soudainement que nous sommes la seule source de tout et de chaque chose.

La présence ne doit pas être confondue avec le fait d'“ être ici et maintenant ”, qui est un processus de continuité du soi séparé et n'a aucun rapport direct avec la libération.

La présence est une qualité d'accueil, de conscience ouverte, simplement consacrée à “ ce qui est ”. Il peut encore y avoir quelqu'un de conscient et que subsiste ce dont il est conscient – le bruit de l'eau qui court, le goût du thé, le sentiment de peur, ou le poids et la texture quand on s'asseoit sur un siège. Et il peut aussi y avoir une abdication de celui qui est conscient, ne laissant demeurer que la présence. Tout cela est totalement dénué de jugement, d'analyse, de désir de parvenir à une conclusion ou de devenir quoi que ce soit. Ni activité mentale, ni attente, il y a simplement “ ce qui est ”.

Au début, il est suffisant de laisser la conscience de se tourner assidûment vers “ ce qui est ”. L'abandon de “ celui ” qui est conscient peut suivre aisément, mais cela ne peut jamais être une tâche.

Je ne peux “ fabriquer ” la présence, simplement

parce que je " suis " présence. Il n'y a donc pas de processus à apprendre, parce que je ne peux apprendre ou accomplir quelque chose que je suis déjà.

La présence est totalement dénuée d'effort et elle est plus proche de moi que la respiration. Il ne peut que lui être laissé la latitude d'être pour ensuite la reconnaître. Ce que je tends à faire la plupart du temps, c'est de m'en écarter ou l'occulter.

Il n'y aurait pas d'existence, si ce n'était pour la présence. Je suis présence et vous êtes présence. Si nous n'étions pas présents, l'existence ne serait pas. La présence émane de la source de tout et de toute chose connue ou inconnue. Et c'est ce que nous sommes. Nous sommes la seule source de notre unique création.

Il peut y avoir présence ou bien nous pouvons demeurer séparés.

Il peut y avoir ouverture, ou bien nous pouvons nous investir dans la manipulation. Il peut y avoir accueil de la simplicité continue et émerveillement devant " ce qui simplement est ", ou bien nous pouvons nous trouver emprisonnés par les limitations de nos attentes. Tout est approprié.

La présence est la lumière dans les ténèbres. Elle est atomique. Un instant de présence apporte plus de lumière au monde qu'un millier d'années de " bonnes actions ". Au sein de la présence, toute action s'affranchit du désordre et de la souillure. C'est la spontanéité née de l'immobilité tranquille.

En permettant la présence, nous embrassons

cependant une sorte de mort. Ce qui meurt, ce sont toutes les attentes, les jugements et les efforts pour devenir. Ce qui meurt, c'est la substance de la séparation : le sentiment de l'identité personnelle, d'un soi séparé, qui ne peut fonctionner que dans le monde illusoire du passé et du futur, du souvenir et de l'attente. Car il se trouve que, si nous nous abandonnons à " ce qui est ", simplement à " ce qui est ", nous serons dans un lieu d'inconnaissance.

C'est en cela que l'accueil de la présence est une sorte de mort. Ce qui meurt, c'est le rêve d'être un individu. Ce que nous abandonnons, c'est notre incessant besoin de sentir que nous sommes une entité séparée – que nous continuerons en tant que fraction du tout. Et, en cet abandon, nous en venons à voir que toute mort est une renaissance dans la libération.

Car ce qui s'ouvre à la présence, c'est la possibilité d'entrer dans l'unicité, la redécouverte de ce que nous sommes réellement. C'est le pont entre le monde de la séparation et l'illumination, qui, une fois franchi, n'est plus.

Quand il y a présence, le soi n'est plus. Nous chevauchons le vivant paradoxe et permettons qu'émerge notre libération de l'incessant mouvement tourné vers le devenir. C'est un accueil du secret ouvert.

Quand il y a présence, il y a conscience, et c'est là la lumière qui chasse les ténèbres apparentes. La lumière pénètre les ténèbres et dissipe ces illusions qui paraissent interrompre l'unicité. La conscience ne divise ni ne réprime - ce qui donnerait de l'énergie à l'irréel. Elle voit simplement " ce qui est " et apporte la clarté qui permet à ce qui est illusoire de s'évaporer.

*

Il n'y a jamais aucune situation au sein de laquelle nous ne pourrions être unis à ce qui est présent. N'est-ce pas merveilleux ? Je vais le répéter. La présence est disponible en toute situation ou, dit autrement, la liberté est continuellement disponible.

Chaque jour suffit pour nous mettre indifféremment en présence... de la souffrance, de la peur, du bruit d'une voiture, du vent dans les arbres, de mon corps sur la chaise, du stylo dans mes doigts, de la douleur émotionnelle, des habitudes, du jugement sur soi qui abonde, de la culpabilité, de la marche, du goût du fromage, de l'agitation, de la paresse, du contrôle exercé sur soi-même, et de la mentalité-gourou qui insiste sur le fait que la présence est improductive et que je devrais faire quelque chose de " spirituel " ou, au minimum, d'utile.

Or la présence brille en toute liberté où et quand elle le souhaite, et en particulier sur n'importe laquelle de ces parties de l'existence.

Si je tente d'attirer la lumière sur un aspect particulier de mon histoire, je trouble le flot naturel et m'oppose aux occasions que la vie et ma sagesse innée me présentent quotidiennement. Car la présence n'est pas un instrument – elle ne peut être utilisée par la volonté. Ce n'est pas un exercice spirituel ou un outil pour aller quelque part, comme une prière ou une méditation classique. Quand j'essaie de l'atteler à une tâche, j'essaie de contraindre " cela " qui est au-delà de toute limite.

*

La présence enveloppe tout et elle est à elle-même sa propre récompense ; elle ne tente d'aller nulle part. Si je sens que j'essaie d'aller quelque part, c'est que je l'ai déjà interrompue.

Quand il y a présence, la totalité de l'être s'abandonne à son étreinte. Il n'y a plus de questions et il n'y a plus d'effort. L'esprit quitte son trône, le corps se détend, la respiration devient plus aisée et la perception s'élargit jusqu'à devenir globale. Je repose en ce qui jamais n'arrive ni ne repart.

Quand il y a présence, il y a intimité totale et les sens s'aiguisent à un degré jamais rencontré auparavant ; je vois et touche en toute innocence, je goûte et sens comme au premier jour et j'entends un son nouveau, vital, frais et inexploré.

Il y a un subtil sentiment de risque et de sérénité dans la présence. C'est le premier et le dernier pas. Elle se déploie au-delà du temps et de l'identité de soi et constitue le fondement en lequel la découverte de ce que je suis est rendue immédiatement et directement disponible.

Quand il y a présence, tout ce qui est illusoire tombe et ce qui demeure est réel, primordial, et passionnément vivant. C'est la vie à son comble – non pas ma vie, ni la vie de qui que ce soit d'autre, mais simplement la vie.

La présence ne fait pas descendre le paradis sur terre, ni n'élève la terre au paradis. Tout est un .

LE CHOIX SANS CHOIX

Dans la présence, je vois que je n'ai jamais choisi ou fait quoi que ce soit, mais que la vie vit à travers moi.

Et ainsi, je n'ai jamais arrêté la mer, déplacé le soleil, ou fait un pas me rapprochant ou m'éloignant de ce à quoi j'avais toujours eu droit par le simple fait de ma naissance.

En acceptant ma divine impuissance, je jouis de la liberté de ne jamais avoir de passé ou de futur que je puisse appeler miens.

Des gens demandent : " Qui choisit, qui dirige ce chaos merveilleux ? ". Mais une fois dans les bras du bien-aimé, plus rien ne compte et je peux vivre comme si je choisissais, en me réjouissant dans l'abandon.

MON MONDE

Dans ce que je tiens pour mon monde, tout m'est totalement unique. Personne d'autre ne peut connaître ma sensation de la couleur rouge, de la saveur du thé que je goût , ni ce que je sens de la peur et du bonheur, de la marche, du rêve ou de l'éveil.

Avec le temps, mes expériences forgent en grande partie mes croyances et ce que je crois s'actualise à son tour m'amenant à en faire à nouveau l'expérience. C'est le jeu entre ces deux comparses, ce à quoi je crois et ce dont je fais l'expérience, qui semblent influencer l'histoire de ma vie, instant après instant, jour après jour et ainsi de suite.

À ce niveau d'existence, je parais être producteur, scénariste, directeur du casting, scripte et musicien dans un film intitulé " Mon Histoire".

En posant un regard aussi ouvert que possible sur ma vie écoulée, je vois combien j'ai attiré à moi les gens, les événements et les scénarios parfaitement en phase avec le genre d'atmosphère et d'images qu'exprimaient mes systèmes de croyances particuliers.

De nombreuses personnes se sont beaucoup excitées sur ce concept et ont suggéré et enseigné que si nous pouvons changer nos schémas de pensée et nos systèmes de croyance, nous pouvons alors changer la manière dont nous faisons l'expérience de la vie. Il semblerait qu'il puisse en être ainsi, mais ces personnes passent aussi complètement à côté d'un point essentiel, car ce que nous sommes réellement est au-delà de la limitation de l'expérience et des croyances.

Jusqu'à ce que j'aie redécouvert qui je suis, quelle sorte d'existence suis-je en train de m'évertuer à créer ? À partir d'où vois-je clairement que ce que je pense vouloir est ce dont j'ai réellement besoin ? “ Mon ” idée de ce que je devrais créer sera-t-elle à ce point meilleure que la vôtre pour justifier que nos visions individuelles s'exacerbent jusqu'à l'affrontement ? Cela paraît être le canevas récurrent de l'existence.

Ce qui n'est peut-être pas réalisé par ceux qui voudraient suivre ce concept, c'est qu'au-delà de tous nos souhaits et désirs de matérialiser ce que nous pensons vouloir, il y a un principe caché – le principe de l'amour inconditionnel qui est continuellement à l'œuvre, totalement inhérent, mais non reconnu d'ordinaire. Ce principe est le cœur même du vivant paradoxe.

L'existence entière telle que nous la connaissons, enfermée dans les limitations du temps, n'est qu'un reflet de ce principe caché qui nous invite continuellement à nous rappeler ce que nous sommes vraiment. Au sein de ce reflet, il n'y a ni bien ni mal, ni meilleur ni pire, mais seulement l'invitation.

Car tant que nous restons enfermés dans l'expérience d'être des individus séparés devant négocier avec l'existence, nous demeurons dans un état de rêve.

Dans cet état de rêve, tout ce que nous faisons est gouverné par la loi des opposés, en laquelle tout ce qui est vu comme positif est exactement et également contrebalancé par son opposé. Une profonde réflexion nous conduit à découvrir que nous sommes sur une roue où tout se répète sans fin, de manière à peine décalée. Ce que nous créons en apparence, nous le détruisons, et ce qu'en apparence nous détruisons, nous le recréons à nouveau.

Et, en dépit de ce que nous pouvons croire à propos du libre- arbitre et de la liberté de choix, nous en arrivons à voir que nous sommes des personnages rêvés dans une pièce divine, réagissant et répondant aux situations à partir d'un ensemble de réflexes conditionnés et de croyances arbitraires. Tout notre monde de rêve, que nous considérons comme libre de progresser, intervient strictement dans la limite des paramètres de cet état exactement neutre et parfaitement équilibré, qui ne sert qu'à refléter l'existence d'une possibilité autre.

Nous sommes les seuls créateurs de ce rêve, qui n'a absolument aucun but outre celui que nous nous en éveillions.

En réalité, nous sommes entourés et pénétrés par l'amour inconditionnel, que nous y répondions ou non. Notre expérience sise dans le temps engendre une création parfaitement appropriée, convenant précisément, dans ses grands événements comme dans ses plus infimes nuances, aux besoins particuliers et uniques de notre retour à l'éveil. La source du principe caché n'est autre que nous-mêmes et il est activé par notre lancinant désir de retour en notre demeure.

Et quelle que soit l'importance ou l'insignifiance que nous attribuons à nos activités, quelle que puisse être l'opinion que nous pouvons avoir sur l'apparence de notre expression dans le monde – talentueuse, artistique, utile, ordinaire ou stérile – tout cela est simplement et uniquement une fonction de ce principe caché : un reflet parfaitement approprié en toutes circonstances, offrant sans trêve l'occasion de pénétrer en lui, de voir au-delà de tous les phénomènes et de redécouvrir la source de son émanation.

LA MORT DU CORPS/MENTAL

La mort du corps/mental n'est que l'illusion d'un voyage dans le temps arrivant à son terme.

L'éveil à l'amour inconditionnel est immédiat. Nous sommes enveloppés dans notre nature originelle, indépendamment de quoiqu'il puisse apparemment s'être produit.

Quand le corps/mental est lâché, il n'y a pas de processus intermédiaire de préparation ou de purification. Comment cela se pourrait-il ? Qui était là ? Toutes idées à propos d'une “ après-vie ” personnelle ou d'une réincarnation ne sont simplement qu'une vue du mental qui désire préserver l'illusion de sa continuité.

L'histoire a pris fin. Le divin roman est achevé et, en dépit de ce que pourrait en juger le mental, il n'aurait pu varier d'un iota. Le décor se dissipe et les personnages ont quitté la scène ; leur existence apparente commence et finit avec le rêve qui vient de se jouer.

Car nous sommes l'océan et les vagues, les ténèbres et la lumière.

L'ABSTRACTION

J'ai été longtemps fasciné et assailli et égaré par l'abstraction, rêvant de la vie que j'aurais préféré avoir, plutôt que de vivre l'expérience de " ce qui est ".

Le fruit de mes élucubrations ne parvient jamais à l' existence, ne faisant parfois qu'apparaître fugitivement de manière vague et approximative. Mes chimères sont comme un écran de fumée né du désir ou de la frustration, m'offrant des vacances de rêve. C'est toujours sûr, prévisible et tout cela se complaît dans le " connu ".

Si je laisse tomber l'abstraction et, par exemple, dirige ma conscience immédiate vers mes sensations corporelles, je découvre là une symphonie en cours. Pas nécessairement accordée, mais néanmoins animée, allant et venant, en changement constant, tels le flux et le reflux de l'océan. Quelque chose se produit puis s'évanouit, suivi par quelque chose d'autre qui surgit pour prendre sa place. Il y a bien peu de choses que je puisse contrôler ou diriger. Incommensurable et inexploré, à la fois étant et n'étant point.

De la même manière, si, lâchant prise, j'écoute, touche, goûte, sens ou regarde, il n'y a aucun moyen de connaître au préalable la nature exacte de ces sensations. Je pourrais dire que je peux anticiper le son d'un oiseau qui chante, mais ce n'est qu'une information tirée de la mémoire, sans vie ni énergie.

Le son que j'entends réellement, le son de « ce qui est », ne sera jamais le même que l'abstraction que j'en fais. Au début, quand j'écoute un son, je vais tenter de le saisir et de l'étiqueter pour le contrôler. Quand je laisse choir ce contrôle, il y a simplement le son et celui qui écoute. Quand celui qui écoute est à son tour abandonné il y a le son seulement. Je ne suis plus là, il y a simplement l'énergie nue et vibrante de « ce qui est ». Plus rien n'est nécessaire, tout est accompli.

C'est dans l'alchimie même de cette présence intemporelle que la liberté réside.

La vie me fait signe. Elle chuchote, m'appelle et, pour finir, crie à mon endroit. Le cri de la crise, ou de la maladie, est souvent ce qui m'amènera à la redécouverte de qui je suis vraiment, car il est difficile de réduire la souffrance à une abstraction.

LA PEUR

Avant de reconnaître qui je suis vraiment, ma vie peut être en grande partie gouvernée par tout ce dont j'ai peur.

C'est ma peur qui engendre ma croyance en un début et une fin.

C'est dans la peur de me perdre moi-même qu'il faut chercher cet acharnement à maintenir et perpétuer mon instinct à survivre et à continuer. Et à ce stade il est intéressant de noter que ce dont je languis, tout en en ayant le plus peur, est précisément l'absence de moi-même.

Craignant la faiblesse, je lutte pour le contrôle ; craignant l'intimité, je m'applique à rester distant ; craignant l'asservissement, je lutte pour dominer, et si j'ai peur d'être ordinaire, je m'efforce d'être spécial.

Ce dont je peux avoir peur est sans fin, car pour peu qu'une peur soit vaincue, je suis tout à fait capable d'en mettre une autre à la place.

Si la conscience se trouve fermement ancrée dans le présent, la peur est clairement vue comme une abstraction – une anxiété pour l'avenir née d'une empreinte dans la mémoire. Si le scénario qui habille la peur est lâchée, je découvre que tout ce qui me reste est une sensation physique crue et vivante. Dès lors, elle cesse de me submerger et tranquillement prend sa place dans l'existence. Il en va de même avec la douleur émotionnelle ou physique. Quand je cesse d'en faire " ma " chose, je me libère de son emprise et la vois simplement telle qu'elle est.

Si je cesse de caractériser la souffrance comme " mauvaise " et " mienne " et lui accorde simplement d'être en tant qu'énergie sous une certaine forme, elle peut alors commencer à avoir sa propre saveur, capable de me conduire profondément dans la présence.

La nature de la souffrance est qu'elle me parle intensément d'une possibilité autre. En poursuivant le plaisir et en fuyant la douleur, je sabre en deux la racine même de cette possibilité.

LA CULPABILITÉ

Je ne peux que me sentir coupable si je juge qui je suis à partir d'un système de croyances qui m'a été enseigné ou que je me suis fabriqué moi-même. Les croyances que je me suis fabriquées ne peuvent, encore une fois, qu'émaner de mes expériences passées, égrenées dans le temps. Ces concepts sont liés à l'idée d'un cheminement vers un but, une voie vers la purification.

Dans la présence, il n'est pas de devenir, pas d'attachement à un but. Je vois que je n'ai plus à me couler dans un moule quelconque ou me comporter d'une certaine manière dans le but de devenir noble et méritant.

Quand je dépense mon énergie à me sentir coupable et à essayer d'apaiser ce sentiment illusoire, j'obère continuellement la possibilité de libération. Il existe une fascination, une attirance trouble, émanant de ce drame du péché, ou du karma, qui peut fortement dissimuler une très réelle inclination à esquiver la redécouverte de qui je suis. Ce qui se passe, c'est que j'investis en un concept illusoire à propos du bien ou du mal pour éluder ce qui est absolument au-delà des deux.

Dans la présence, il n'y a pas de dette parce qu'il n'y a pas d'histoire. Dans chaque situation, soit je me sens séparé, soit il y a présence. Dans la séparation, peu importe ce qui arrive, je me sens séparé. Dans la présence, le moi n'est plus et il y a simplement " ce qui est ".

N'importe laquelle de ces situations est complète. Chaque moment *est* à lui-même sa propre récompense. C'est là, et l'instant d'après n'est plus. Il ne demeure pas d'encours dont il faille s'acquitter plus tard.

Tandis que nous faisons constamment appel au juge impitoyable pour calculer et mesurer tout ce que nous faisons ou ce que nous sommes, nous nous emprisonnons nous-mêmes dans une existence de lutte, de culpabilité et de souffrance, en nous efforçant d'apaiser un dieu que nous avons nous-mêmes projeté.

Il n'y a que connaissance ou inconnaissance. En l'absence de compréhension, je ne peux voir – et l'obscurité est tout simplement l'obscurité ; elle n'est ni bien ni mal.

Tous les concepts de bien ou de mal, de péché originel, de karma ou de quelque dette que ce soit, sont les produits d'un esprit non éveillé, enfermé dans le temps, et la compulsion à maintenir et renforcer le sentiment d'être père, mère ou soi.

LA PENSÉE

Ma pensée forge le temps et le temps crée ma pensée. Dans les limites de cette pensée inscrite dans le temps, je maintiens mon sentiment illusoire d'identité et de séparation. Je pense – donc, je me continue.

Ma pensée, étroitement liée au temps, s'approprie et divise, générant constamment une notion de progression vers la réussite ou le désastre. Elle génère le désordre, mais parle d'ordre, fait des promesses mais pousse à la destruction.

Cette pensée-temps va reculant ou avançant sur un océan de souvenirs et de projections à partir d'un lieu que je nomme " moi-même ".

Mon esprit dissèque chaque segment de l'existence, le visible comme l'invisible, fouillant, explorant et languissant, seulement pour découvrir " celui-là même qui est en recherche ".

Aucune somme de réflexions ne m'apprendra qui je suis, mais la compréhension peut me conduire jusqu'aux berges du fleuve.

La tranquillité n'est pas produite par l'absence de pensée ; elle est absolument au-delà de l'absence ou de la présence de pensée. Je ne peux me contraindre à la tranquillité, mais quand cela qui paraît ne pas être tranquille est vu, ce regard émane alors de la tranquillité. La pensée créative émerge de la tranquillité.

Mais si je m'aventure au-delà de la pensée, où suis-je et qui suis-je ?

LES RELATIONS

Mes premières expériences avec parents et autres forgent mes croyances et mes schémas relatifs aux relations, et par la suite ces structures accompagnent et influencent toutes mes relations jusqu'à ce que je redécouvre qui je suis.

Quelque soit le jeu que je joue, ceux avec qui j'entretiens une relation deviennent, pour la plupart, des comparses dans ce jeu, le renforcent et l'alimentent. Si j'ai besoin d'être désiré, je vais créer celui qui me désirera. Si j'ai besoin d'être rejeté, alors je vais attirer le rejet. Il y a autant de variantes qu'il y a de gens. Mais les schémas ne sont qu'une confirmation de mes croyances et appétits particuliers, et ils reflètent *cela* que je n'ai pas encore redécouvert. Ils sont parfaitement à leur place – et participent simplement du principe caché d'amour inconditionnel qui m'invite à voir une autre possibilité.

Ce dont je fais l'expérience sous la forme d'une relation, dans mon monde de temps et de séparation, ressemble à un pont entre un autre et moi-même. Cela peut être un échange de sentiments, d'intérêts ou d'enthousiasmes, de rires ou de larmes, de pensées ou de réflexions. Un fragment communiquant avec un autre. Je me relie à ce que je projette là-bas, au dehors de moi-même, sans qu'il y ait fusion véritable au sens le plus plein. On dirait plutôt une communication entre deux projections, deux conditionnements, deux schémas ou le consentement de deux egos à se frotter l'un à l'autre.

Quand je rencontre quelqu'un pour la première fois, mon ordinateur mental inscrit souvent l'autre personne dans une boite où je la garde emprisonnée. Parfois, je vais étendre une partie de la boîte ici et là, ou bien carrément l'agrandir ou la rétrécir. De cette manière, je reste en sécurité et entre en relation avec mes concepts relatifs à la personne, plutôt qu'avec ce qu'elle est réellement.

Quand je m'efforce de devenir ce que je pense être mon objectif, je vis dans un état de comparaison avec les autres, ou les vois comme mes juges. C'est une sorte de compétition subtile. Je peux aussi voir l'autre comme celui qui, je l'espère, sera capable d'effacer mon sentiment de manque. Il peut se prêter à l'image que je désire projeter, ou il peut renforcer mon sentiment de valeur personnelle. Il peut me stimuler ou me réconforter par sa présence. Il remplit un besoin.

La manière dont j'entre en relation avec les autres est un reflet terriblement exact de la relation la plus fondamentale de toutes : celle que j'entretiens avec moi-même.

Quand je redécouvre qui je suis, cependant, il n'est plus question de relations. Dans cette présence ouverte et accueillante, il n'est nul besoin de souvenirs ou de répétitions, de comparaisons ou d'attentes. Nul lieu pour qu'une partie en rencontre une autre. Il n'y a aucune distance entre elles et, de ce fait, nul besoin d'entrer en relation.

Toute notre énergie est baignée d'une fraîcheur continuelle et immergée dans la célébration de simplement “ ce qui est ”.

C'est une communion faite d'offrande et de gratification spontanées, qui peut illuminer ces moments où nous revenons à la relation. Souvent il y a le silence car il n'est nul besoin de remplir le vide, vu auparavant comme menaçant. Ces silences sont emplis du fait d'être simplement ensemble, entraînés dans le ballet incessant de l'existence.

JE NE SUIS PAS

Je ne suis pas... l'histoire de ma vie, le mental, le corps, les sentiments, les expériences de douleur ou de plaisir, de combats, de succès ou d'échecs. Je ne suis pas la solitude, la tranquillité, la frustration ou la compassion. Je ne suis même pas ce que je pense être mon objectif, ce que je pense être la recherche, la découverte, ou tout ce que l'on peut appeler une expérience spirituelle.

A défaut de savoir ce que je suis, je sacralise ces expériences, en prends possession et leur confère une signification considérable. Je m'imagine qu'elles signifient quelque chose qui, une fois compris, me fournira des réponses et des formules. Mais ces expériences ne sont que la conscience qui tour à tour se cache et se révèle dans le but d'être reconnue. Quand je sais " qui " je suis, je découvre que je ne suis pas l'existence ; je suis la présence qui permet à l'existence d'être. L'existence fleurit en cette présence ou au contraire me renvoie mon sentiment de séparation.

JE SUIS

Je suis... l'expression du divin exactement tel que je suis, ici même, en cet instant. Vous êtes l'expression du divin exactement tel que vous êtes, ici même, en cet instant. Tout ceci est expression divine, exactement tel quel, ici même et en l'instant. Rien, absolument rien, n'a besoin d'être ajouté ou retiré. Rien n'est plus valable ou sacré qu'autre chose. Aucune condition n'a besoin d'être remplie. L'infini n'est pas quelque part attendant que nous nous en rendions dignes.

Je n'ai pas à faire l'expérience de “ la nuit obscure de l'âme ”, ni à m'abandonner, me purifier ou me soumettre à quelque changement ou processus que ce soit. Comment le moi illusoire, séparé, pourrait-il s'engager dans une pratique quelconque destinée à lui révéler qu'il est illusoire ?

Je n'ai pas besoin d'être sérieux, honnête, malhonnête, moral ou immoral, esthète ou grossier. Il n'y a pas de points de référence. Le déroulement apparent de la vie est unique et exactement approprié à chaque éveil. Tout est exactement tel que ce doit être, en l'instant. Non parce qu'il s'agit d'un potentiel pour quelque chose de mieux, mais simplement parce que tout ce qui *est* est expression du divin.

L'invitation à découvrir qu'il n'est personne ayant besoin d'être libéré est constante. Il n'est pas nécessaire d'attendre des moments de transformation, aucune nécessité de s'efforcer au non-agir, à rechercher la béatitude permanente, l'état sans ego, ou l'immobilité d'un esprit tranquille. Je n'ai même pas besoin d'attendre que descende la grâce, car je suis, vous êtes, ceci est déjà grâce éternelle.

DEUXIÈME PARTIE

DIALOGUES

INTRODUCTION AUX DIALOGUES

" Les mots ne sont pas la vérité, à l'instar du miel qui n'est pas le goût du sucré. "

Lorsque nous avons besoin d'expliquer une façon simple de faire une tarte aux pommes, de réparer une crevaison ou de se déplacer d'ici à là, la communication verbale est parfaitement adaptée. La description d'un processus, quel qu'il soit, comportant un début, un milieu, une fin, est quelque chose de direct, car le sens est transmis par une suite de mots qui se ramifie en compréhension dans l'esprit du lecteur. Cependant, en y regardant de plus près, nous pouvons aussi voir que le langage tend à renforcer le sens de la séparation, puisque, dans l'usage que l'on en fait quotidiennement, le langage décrit des *objets* relatifs à des lieux et des processus distincts.

Pour décrire l'éveil, l'illumination, le nirvana, ou quel que soit le mot qui vous convienne, le langage peut soudain basculer en son contraire. Alors même que l'auteur essaie de transmettre l'unicité, les mots eux engagent à la séparation.

En parlant de libération clairement, nous parlons de quelque chose qui est au-delà des capacités de compréhension du mental. Comme la libération entraîne la réalisation qu'il n'y a jamais eu personne à libérer, le mental y perçoit une menace croissante. En conséquence, il va utiliser sa considérable duplicité pour trouver une manière de nous convaincre, d'abord qu'il comprend absolument ce qui est suggéré, et ensuite, qu'il va allégrement contribuer à l'accomplissement qui semble être offert. Cette contribution sera immédiatement convertie en processus dans lequel s'engager. Or il est nécessaire de souligner, encore et toujours, que les processus personnels ne peuvent nous ouvrir à l'illumination. Malgré tout, le mental réussira encore à traduire cette mise en garde en une sorte de rite, de prescription, ou même de mantra.

Pendant les discussions, je suggère aux gens de tenter d'oublier ce qui a été dit, car chacun possède une intelligence particulière, qui sait déjà ce qui est en train d'être exprimé. Je suggère aussi que vous observiez comment le mental persistera à tourner ces pages à l'affût de LA réponse qui va provoquer le déclenchement attendu.

Cela ne marche pas vraiment de cette manière.

Au fur et à mesure que de plus en plus de gens entendent ce message très direct sur la nature de l'éveil (et en dépit de tous ces mots), il se produit une profonde résonance intérieure. Naturellement, la clarté de la perception intellectuelle a sa place dans tout cela, mais je vois les ténèbres se dissiper dans les yeux des gens au fur et à mesure qu'émerge en eux une vision nouvelle et radicale.

Entre temps, voici quelques mots de plus...

DIALOGUES AVEC TONY PARSONS

Dans vos écrits vous faites mention d'un " secret ouvert ". D'où vient cette expression ?

Alors que je marchais à travers le parc, une des choses les plus étonnantes et les plus libératrices qui s'est fait jour à cet instant-là est que chaque chose était le fond, le substrat de l'amour inconditionnel. Il n'y a rien qui ne soit sacré, et je vis que la grâce était continuellement disponible, indépendamment de l'état particulier où je pouvais être. Regardez, voici le secret *(il saisit un pull et le jette à terre)*. Dans le rêve, nous voyons un objet séparé. Mais quand il n'y a pas de moi illusoire, séparé, le fond omniprésent de l'amour inconditionnel est pleinement perçu. C'est ce qui est toujours ouvert et à notre disposition. Il n'y a rien qui existe en dehors du fond de cette unité naturelle. Le " secret ", c'est qu'il n'y a pas de séparation, mais cela demeure un secret aussi longtemps que nous croyons être quelqu'un.

Comment puis-je voir cela ?

Vous ne pouvez le voir à moins que vous n'arrêtiez de le chercher, et laissiez simplement " ce qui est " être là.

Comment puis-je le faire ?

Vous ne pouvez pas le “ faire ”. Mais vous pouvez ouvrir votre cœur à la suggestion que cela peut arriver. Permettez à la conscience de se reposer simplement en “ ce qui est ” ; que ce soit un postérieur posé sur un siège ou la frustration de ne pas voir, c’est ce qui est. Donnez simplement latitude d’être à “ ce qui est ” et le fond de l’amour émergera pour vous étreindre, toujours prêt et disposé, tel l’amoureux éternel, à vous accueillir dans l’infini. Nul besoin de changer ni de pacifier l’esprit, ou de purifier le corps – simplement être, précisément tel que vous êtes, est l’expression du divin.

Mais cela paraît trop simple.

Nous savons tous dans nos cœurs que la réponse à tout ceci est très simple. Le Christ a dit que le royaume des cieux est comme un grain de moutarde. Il se trouve jusque dans le plus ordinaire. Que vous soyez unique, ici et maintenant, c’est le secret. Cet instant-ci ne s’est jamais produit auparavant, le voyez-vous ? Il est ici, puis s’évanouit pour ne jamais reparaître. Et voici maintenant un autre moment. Il est unique, surgissant et retournant ensuite dans l’infini, pour ne jamais être revu. C’est ce que vous êtes, le voyez-vous ? Vous êtes l’expression infinie, qui se déploie et se rétracte sans cesse. Vous ne pouvez arrêter “ ce qui est ” ; c’est une danse incessante et éternelle – aussi lâchez prise et simplement permettez à cela d’être.

Êtes-vous en train de recommander que nous élevions autant que possible notre conscience des choses au plus près de “ ce qui est ” ?

Je ne peux rien recommander. Je vous suggère d’arriver à comprendre et à ressentir le besoin de vous émerveiller devant la nature de “ ce qui est ” ici, tout de suite. Venez-en à voir que c’est la nature intemporelle de l’infini. Voyez que le mental va essayer de transformer ce qui est évoqué ici en un autre processus. Quand je parle aux gens du fait d’être simplement conscient de “ ce qui est ”, le mental s’enferre immédiatement dans l’idée d’un processus qui devrait être pratiqué. Le mental est perpétuellement à la recherche de formules. Il ne peut y avoir de processus pour devenir ce qui déjà *est*, et ainsi il n’y a, bien sûr, nulle part où aller et rien à faire.

Quelle est la différence entre l’absolu et la conscience ?

L’absolu est la source originelle de tout ce qui est. C’est le silence sans cause, immuable, sans commencement ni fin. La conscience se déploie au sein de l’absolu et est *tout* ce qu’est la création. La Conscience ne peut exister qu’en l’absolu qui est au-delà de l’être et du non-être.

L’amour inconditionnel émane de la conscience et est le fond de tout ce qui est. Vous êtes cette conscience. Tout ce que vous pouvez vous imaginer être d’autre...le corps, l’esprit, le “ soi ” séparé immergé dans ses drames et desseins apparents, tout cela n'est qu'une invitation à découvrir que vous êtes la conscience dont émane toute vie. Cette découverte est l'éveil.

☆

Qu'avez-vous à dire à propos de la méditation ?

Qui est ce qui médite ? Vous pouvez toujours vous asseoir, fermez les yeux et vous lancer dans une recherche sans fin, vous ne trouverez jamais un " méditant ".

Pour quelle raison méditez-vous ?

Pour tranquilliser l'esprit.

Dans quel but ?

Pour pouvoir me rendre disponible à l'illumination.

Eh bien, pendant que vous êtes là à attendre, ou même en train de vous efforcer d'être ouvert à l'illumination, vous êtes fermé à ce qui est, tel que c'est. L'anticipation, l'attente, suffit à elle seule à garantir cela. L'anticipation est une fonction du mental, attaché au souvenir du passé et à l'attente de ce qui va arriver dans le futur. Par rapport à la méditation je peux vous répondre que vous n'avez pas la faculté de choisir de méditer ou de ne pas méditer, ni d'être disponible ou non pour ce que vous considérez encore comme un objet nommé illumination. Soyez ouvert à la réalisation qu'il n'y a que lumière et qu'il n'y a rien à faire et nulle part où aller. En ce qui concerne l'illumination, que vous méditiez ou non ne fait aucune différence.

Mais si je choisis de m'asseoir et d'observer ma respiration, cela montre sûrement l'étendue de mon engagement.

Quand vous en arrivez à voir et à comprendre la nature de “ ce qui est ”, sa simplicité, son immédiateté, son côté unique et éphémère, vient aussi la compréhension que la méditation traditionnelle est sans objet. Vous êtes assis à la table de cuisine, buvant du café et la pensée “ Je vais aller méditer ” se présente. Puis vous réalisez que cela ne veut strictement rien dire, parce que là où vous êtes, c'est “ ce qui est ”. Ce qui *est* est, alors pourquoi aller le chercher à l'étage au-dessus ? Quand cela est embrassé pleinement, il est possible que se fasse jour la reconnaissance que ce que vous êtes est conscience absolue – rien de plus, rien de moins.

J'ai un enseignant qui pratique une forme de yoga au mouvement lent et très simple, et je trouve que cela ralentit mon esprit et m'installe dans un espace qui me semble très proche de l'être pur.

Et alors ?

Eh bien, est-ce que ça a une valeur ?

Cela a une valeur apparente sur la roue de la vie, comme faire son footing ou manger végétarien. Soyons très clairs à ce propos. Ce qui est communiqué ici, en ce moment même, ne sera jamais très populaire, ni n'attirera des foules de gens. L'esprit a besoin d'un objectif, d'un lieu vers où se diriger, d'une sorte de voyage qui permet d'espérer. Or ce que je vous suggère ici, c'est d'accepter le fait que vous êtes impuissant, car quelque chose d'autre peut alors se présenter. Il n'y a rien que *vous* puissiez faire pour vous rapprocher de l'éveil. Comment un " agissant " supposé peut-il pratiquer le non-agir ? Je dis qu'il n'y a nulle part où aller, parce que c'est déjà là.

☆

Je m'aperçois, dans mon travail de thérapeute, qu'en général les gens ont une histoire personnelle pesante, dont ils essaient tous de se défaire, pour que le système de croyances qu'ils ont adopté puisse changer et que leur futur s'améliore. Cette histoire tire sa vitalité de notre implication émotionnelle en elle et il n'est pas facile de laisser tomber tout ça pour être ici et maintenant.

Il est impossible de choisir d'être bouleversé ou pas, nous sommes simplement les personnages impuissants d'un roman et s'il se trouve que nous sommes submergés par ces émotions, alors c'est la conscience qui choisit d'être submergée par ces émotions. Cependant, soyons très clairs à ce propos. Je ne parle pas là d' " être ici et maintenant ". Etre ici et maintenant est un processus continu dans lequel tout le monde est engagé la plus grande partie du temps. Si quelqu'un s'imagine en vacances aux Caraïbes alors qu'il est assis au travail, c'est que son imagination crée la scène qu'il souhaite ici même, en cet instant précis. Si quelqu'un s'applique à shooter un ballon entre les deux poteaux d'un but, il est ici et maintenant. Si quelqu'un se sent jaloux parce que sa petite amie est en train d'en embrasser un autre, c'est ici et maintenant. Ce que je vous suggère, c'est de vous *ouvrir* à la nature et à la disponibilité de " ce qui est ".

Puis-je vous demander de fermer les yeux ? Devenez simplement conscient de ce qui occupe le plus le champ de votre conscience – ce peut être le son de ma voix, des bruits dans la pièce, des sensations dans votre corps ou votre visage. La conscience peut parcourir très rapidement toutes sortes de phénomènes et n'est pas obligée de rester fixée sur une seule chose. Maintenant laissez ce qui est là, être là, quoi que ce puisse être, et laissez tomber la personne qui pose des questions, qui juge ou qui nourrit des attentes vis-à-vis de cela. Laissez tout simplement tomber à la fois la personne qui essaie de résoudre tout cela ou qui tente d'anticiper ce qui va se présenter ensuite. Qu'il n'y ait qu'une vision de " ce qui est ". Sans rien compliquer... laissez simplement cela être là... (longue pause).

Bien, maintenant ouvrez les yeux. Pendant ces quelques instants, où était votre passé ?

Nulle part.

Où était votre futur ?

Nulle part.

Voyez-vous, ce que je vous suggère, c'est que pendant ce moment que nous avons passé ensemble, il y a eu des instants où le soi n'a plus existé – il y avait juste " ce qui est ". Cela n'a aucun rapport avec " être ici et maintenant ". Il n'y a pas " quelqu'un " pour poser un regard sur le " maintenant " et il n'y a pas d'" ici ". Dès que la merveille de " ce qui est " est reconnue et embrassée, il se produit alors une sorte de résonance et ces moments de non-existence vont croître et grandir dans la vie. Et alors que cela se produit, l'entité séparée imaginaire commence à s'évaporer sous le regard témoin impersonnel. Le passé et le futur font simplement partie du drame qui nous maintient dans l'illusion d'être des entités séparées. Une fois la porte ouverte sur une autre possibilité, l'aventure réelle commence.

Mais n'êtes-vous pas affecté par le passé, et n'avez-vous pas de soucis pour l'avenir ?

Il y a des caractéristiques à ce corps/mental-ci et il y a en lui des souvenirs de ce qui semble être un passé, qui peuvent influer sur les choix concernant ce qui paraît être un futur. Mais il est vu et accepté que l'organisme corps/mental est non seulement impuissant à propos d'un prétendu futur, mais aussi que de toute façon rien n'a vraiment d'importance. *Tout* ce qui *est* est ceci ici, exactement en cet instant, et c'est l'expression infinie – il n'y a rien d'autre. A six ans d'ici, où que soit l'organisme, et quelle que soit son action supposée à ce moment -là, il n'y aura toujours que " ce qui est ".

De ce fait, vous ne vivez ni peur, ni colère ?

La peur ou la colère peuvent survenir, mais cela est vu comme faisant partie de la totalité de la manifestation de la conscience. C'est le jeu qui se poursuit. Il y a un sentiment, disons de colère, il y a votre visage, la pluie qui tombe sur le toit, elle vient juste de se mettre la main sur la bouche, il y a de la colère et il y a le bruit d'une voiture qui passe. Tout cela, c'est le jeu de l'infini et je suis la lumière qui permet à ce jeu d'être, et vous de même. Quand émerge cet éclairage sur les choses, le mécanisme de l'appropriation est percé à jour et il est clairement vu qu'il n'est personne pour être " propriétaire " de quoi que ce soit. De ce fait, le sentiment de peur ou de colère n'est plus associé à une personne ; c'est juste la chose qui se produit dans l'instant.

Et comment cela se passe-t-il pour vous ?

Quand le moi n'est plus, il y a simplement un abandon en l'aimé. Le jeu se poursuit et il y a une réponse à ce jeu. Mais la réponse ne vient de nulle part et ne va nulle part. Et le jeu et la réponse *sont* l'expression du divin. Tout et chaque chose, est vu, entendu, senti comme étant le bien-aimé.

Et le bien-aimé est le substrat de tout ce qui est.

Mais qui voit cela ?

Personne ne le voit, c'est simplement vu. C'est le " ce qui est " de ce que nous sommes. Quoi que nous fassions et quelle que soit la manière dont nous sommes, est l'expression bien-aimée. C'est un mystère pour l'esprit, mais une fois cela réalisé, toutes les questions tombent et il est clairement vu qu'il n'y a jamais eu là qui que ce soit.

Mais vous ne faites qu'exprimer votre croyance.

Je vous dis seulement que dès que *cela* est vu, ce ne peut qu'être *vécu* et n'a aucun rapport avec le doute ou la croyance. Je suis cela, vous êtes cela, elle est cela, et le tapis est cela.

Alors, pourquoi vivons-nous dans cet état désespérément misérable si nous sommes cela ?

À nouveau, la réponse n'émerge que lorsqu'il n'y a plus de question, mais ce qui en mots se rapproche le plus de la réponse, c'est la suggestion que nous sommes malheureux car nous n'acceptons pas d'être scindés en deux simplement pour redevenir un à nouveau. C'est un jeu que joue la conscience et, par moments, cela ne semble pas vraiment drôle. La séparation est l'expérience que la conscience choisit d'avoir, assortie de toute sa diversité, et le jeu, c'est de danser, tour à tour entre séparation et unité.

Eh bien, je trouve que cela me met vraiment en colère.

Et qu'est cela qui est en colère ?

Moi, c'est moi qui le suis.

Et qui êtes-vous ?

Je suis moi-même, Richard.

Etes-vous votre nom ?

Non, mais c'est mon identité.

Mais ce n'est pas constant et cela surgit de la mémoire. Ça peut changer – et donc qui êtes-vous ?

Je suis quelqu'un qui pense que je devrais être illuminé.

Où est ce quelqu'un ?

Ici à l'intérieur (il pointe vers sa tête).

Êtes-vous vos pensées ?

(longue pause)

C'est ainsi que je le sens.

Et les pensées changent-elles constamment ?

Oui, pendant une minute je suis un saint et la minute suivante je suis enferré dans la trivialité !

Est-ce qui vous êtes ?

Pas vraiment, parce que je semble changer beaucoup et parfois je suis dans mon corps.

Et où êtes-vous maintenant ? (longue pause)

Je ne sais pas. Je sens que je ne peux me trouver moi-même par moments.

Est-il possible qu'il n'y ait personne à trouver ?

Je suppose que oui.

Et y a-t-il quelque chose d'autre qui porte un regard sur ces pensées ?

Parfois.

Et qui sentez-vous que cela pourrait être ?

Eh bien, vous dites que celui qui regarde voit ce qui arrive.

Mais qu'est-ce que vous ressentez ?

(longue pause)

Je ne sais pas encore.

Et où est votre colère ?

Elle n'est plus là, et je ressens une étrange excitation à propos d'une chose à laquelle je ne peux mettre un nom.

☆

Nous sommes donc assis ici, confortables et au chaud, parlant d'illumination, mais qu'en est-il de toute la souffrance qui se produit dans le monde ?

Où est cette souffrance ? Je ne la vois pas.

Mais elle est présente dans le monde. En ce moment même, il y a des milliers de personnes qui sont tuées ou privées de toit.

Mais en ce moment même, ce n'est qu'une information dont vous êtes conscient. Vous, comment allez-vous ? Comment est-ce là où vous êtes ?

Là n'est pas l'objet. Quand toutes ces personnes souffrent, pourquoi devrais-je m'occuper de mes ridicules problèmes ?

Je vous suggère de ne plus vous en occuper. Jusqu'au moment où vous pouvez voir la nature de la souffrance, que pouvez-vous faire pour les autres ? Cependant, si vous êtes déterminé à mettre fin à la souffrance dans le monde, vous feriez mieux de vous y mettre tout de suite. Vous perdez votre temps ici. Vous êtes devant une tâche immense et qui n'aura pas de cesse. D'un autre côté, vous pourriez simplement commencer avec votre propre souffrance et voir ce qui se passe.

Mais ne souffrez-vous pas ?

Il y a de la souffrance, mais il n'y a personne qui soit propriétaire de cette souffrance. Elle n'appartient à personne, tout ceci survient dans la conscience. Nous parlons ici de la possibilité de la pauvreté totale et de l'humilité totale. Une des réalisations qui accompagnent l'éveil est qu'il n'est personne à éveiller.

En conséquence de cette réalisation, surgit la compréhension qu'il n'est personne pour posséder quoi que ce soit. C'est cela la pauvreté absolue. C'est ce dont le Christ parlait quand il disait qu'il est plus difficile pour un homme riche d'entrer au royaume des cieux qu'à un chameau de passer par le chas d'une aiguille ; la vie se produit simplement et vous êtes la conscience absolue de cette vie-là. Il n'est personne là pour s'accrocher à quelque chose ni clamer un droit de propriété sur quoi que ce soit. Y compris sur la souffrance.

Mais comment faire avec ma souffrance ?

Il ne s'agit pas d'" en faire " quoi que ce soit. Il s'agit d'en arriver à voir et à accepter l'idée que, le soi étant illusoire, cela élimine toute notion d'appropriation de la souffrance. Voyons donc *où* est cette souffrance. Où est votre souffrance ?

Elle est tout autour de moi quand elle est là. Cela imprègne et gâche tout.

Pouvez-vous me dire où elle est maintenant ?

Non, elle n'est pas ici maintenant, mais elle est en suspens à l'arrière-plan, prête à fondre sur moi.

Donc, il y a ce souvenir du passé qui alimente l'idée d'une menace future. Mais où êtes-vous ? Et est-ce que vous avez le sentiment que cette menace soit là tout le temps ?

Oui.

Eh bien, dites-moi où vous êtes en ce moment même.

Je sens que je suis dans mon mental.

Où est votre mental ?

(longue pause)

Dans ma tête.

Et où êtes-vous, vous qui voyez ça ?

(longue pause)

J'ai l'impression que je suis quelque chose qui me regarde en train de répondre à cette question.

Et à quoi ressemble cet endroit qui regarde quelque chose répondre à cette question ?

(longue pause)

C'est comme un rien qui ne fait que regarder.

Et cela a-t-il d'autres qualités ?

Oui, l'impression que cela donne c'est que c'est clair et vide.

Et où est la souffrance ?

Elle n'est pas là en ce moment – je ressens simplement une sorte de calme.

Alors, y a-t-il une perception de cette souffrance comme étant simplement une chose flottant là dans l'air ?

Oui.

Il n'y a donc personne qui la possède ?

C'est juste là, comme mes pensées.

Quand nous commençons à laisser à ce que nous sommes la possibilité de réellement émerger, il devient clair que ce que nous sommes est totalement constant, tranquille et calme. Il n'y a tout simplement pas de programme à tenir, et aucune prise en compte d'un passé ou d'un futur quelconque – nulle obligation d'aller où que ce soit, rien à faire. Tout ce que nous pensons exister pour nous menacer ou nous procurer du plaisir, s'effondre. Ce qui se produit ici est atomique. Quand il est permis à cela (la présence) d'être, non seulement nous nous élevons hors d'une sempiternelle configuration d'appropriation de la souffrance mais nous élevons aussi la création entière hors de cet emprisonnement illusoire. Nous voyons des gens qui souffrent et nous souhaitons les aider à alléger ce qui semble être leur douleur. Nous pouvons nous engager dans des actions concrètes pour tenter de les aider, et, à un certain niveau, c'est absolument approprié. Toutefois, ce faisant, nous renforçons aussi en eux l'idée qu'ils *possèdent* la souffrance qui les traverse… Or là aussi, c'est la *conscience* qui manifeste cet événement particulier.

Quand quelqu'un dans cette manifestation fait un pas hors de cette perspective particulière et entrevoit une autre possibilité, il se produit alors un allégement global de toute cette souffrance apparente.

☆

Quelquefois, je suis complètement submergé par la peur ou la souffrance et il semble qu'il n'y ait rien que je puisse faire à ce propos.

En ce cas, c'est “ ce qui est ”, et il n'y a rien à faire que d'être submergé. C'est aussi une expression de l'infini. Je dois également dire qu'à l'aube d'une nouvelle lumière, d'une perception différente, il peut très souvent y avoir exacerbation du jeu de nos peurs particulières les plus profondes. Le mental va souvent soutenir l'ego dans le but de maintenir sa propre existence. Le mental combattra, par exemple, ce qui est en train d'être partagé ici. Chez certaines personnes présentes, le mental va déployer toute sa force pour se rebeller contre cette approche. Les conversations de ce genre sont une menace directe envers sa prétendue suprématie.

Mais pourquoi la libération est-elle si difficile à obtenir ? Pourquoi ce combat ? Qui s'accroche à quoi ?

Vous vous agrippez à votre existence apparente. Toute votre vie, vous avez été conditionné à survivre, à proroger l'espèce, à prolonger une apparente lignée. Personne ne veut mourir. Voyez le grand message des médias qui vous enjoint de travailler à réussir votre vie.

C'est ça le grand jeu : l'infini se manifeste à travers vous en tant que personnage onirique dans un grand drame appelé vie ; hypnotisé dans la croyance que vous êtes un individu séparé, vous imaginez de ce fait devoir négocier avec l'existence. Ce qui, entre autres choses, est tout à fait effrayant. Dès l'enfance, vous pouvez vous sentir menacé par l'existence. Il s'installe ce sentiment que vous êtes mortel et vulnérable et, à partir de là, vous êtes puissamment motivé pour maintenir le statu quo, pour vouloir que tout cela continue et en faire le meilleur usage possible. Vous continuez à choisir le meilleur chemin dans ce qui semble être une existence séparée et à en tirer le meilleur parti possible. Quand cela ne semble pas marcher, certaines personnes commencent à poser la question : “ Qui suis-je ? ”, et c’est alors qu’une autre grande difficulté surgit, parce que la réponse à cette question semble être en opposition directe avec tout ce en quoi elles ont cru et investi. Ce que vous êtes est *rien*. Ce que vous êtes est au-delà de tout ce que vous avez jamais cru. Vous, en tant qu’entité séparée, n’avez aucune faculté de choix et aucun libre arbitre. Vous êtes simplement en train d’être vécu par l’infini pour découvrir que vous êtes l’infini. Ce sont là des concepts si menaçants et si déroutants que la plupart des gens les rejettent. Quand il leur est dit également qu’il n’y a rien qu’ils puissent faire pour redécouvrir leur liberté, la chose dans son ensemble devient alors tout à fait inacceptable pour le mental.

Il va sans dire que le karma intervient dans la question qui concerne la somme de souffrances dont chacun fait l’expérience ?

C’est ce que vous croyez ?

Oui, et c’est ce que je vis.

L’un suit l’autre aussi sûrement que la nuit suit le jour. Si c’est votre lot de croire que vos actions, bonnes ou mauvaises, auront une cause et un effet, alors il en sera ainsi tout le temps que vous y croirez. Le vécu nourrit la croyance et la croyance nourrit le vécu. Mais soyez conscient que la croyance ne fonctionne efficacement qu'en proportion directe de la suppression des doutes qu'elle cherche à surmonter. Et les deux sont transitoires. Vous pouvez croire une chose pendant cinq minutes, en douter les trois suivantes, puis une autre croyance va s'installer et dominer pour un temps. Tout le temps que nous passons à vivre dans un monde de pensée abstraite, nous le passons ballottés dans un maelström de mondes divergents et souvent opposés qui sont pure fabrication de notre imagination.

Quand l'éveil se produit, on voit bien que la prédestination karmique et tout le reste fait entièrement partie du jeu joué à travers cette identification illusoire de la source donnant naissance à la notion d'entité séparée. C'est l'expression infinie qui s'éprouve elle-même dans la limitation.

Mais sans aucun doute je peux choisir d'agir d'une façon qui, dans le moment, me semble bonne plutôt que mauvaise.

Eh bien, vous pouvez essayer, mais vous n'avez pas vraiment le choix, simplement parce qu'il n'est personne là pour choisir. Tout ce qu'il y a, c'est le personnage onirique d'un roman qui va répondre ou réagir à des circonstances données de la manière dont l'auteur le choisit. Ces actions seront, dans une certaine mesure, caractéristiques, mais seront aussi influencées par le conditionnement et les systèmes de croyances qui se trouvent être d'actualité à ce moment-là.

Qui est l'auteur ?

La conscience est l'auteur et c'est ce que vous êtes. La réalité, c'est que tout ce dont vous faites l'expérience est unique et créé à travers cet appareil corps/mental particulier. Ce mur bleu est votre mur bleu, et personne d'autre ne peut connaître cela de la façon dont vous le connaissez. Tout ce qui se manifeste à votre conscience, ici même, en cet instant précis, est votre création, et en fait rien d'autre n'existe en dehors de cela. Ceci est tout ce qu'il y a pour vous... cette pièce, ces gens, ma voix.... Toute idée à propos de votre maison, d'autres relations, etc. n'est pour vous simplement que cela, une idée, ni plus, ni moins. C'est un scénario imaginé qui peut toujours éveiller en vous des sentiments, et ces derniers sont aussi ce qui est, tel que c'est, ici même, en cet instant précis. Or tandis que vous quittez la pièce une autre réalité faisant suite à celle-ci semble se créer à travers ce corps/mental... et cela continue ainsi... où que vous vous rendiez et qui que vous rencontriez. Voyez-vous, à chaque fois c'est une rencontre *nouvelle*, une création *neuve*. Mais votre esprit veut rendre tout ça prévisible et rassurant, et donc la plus grande partie de ce que vous pensez voir, vous l'imaginez déjà connu. La rue où vous vivez, le bureau, la petite amie... vous pensez les connaître et ça semble rendre tout cela rassurant. Cela peut aussi le rendre bien fade en ôtant tout le sel et le merveilleux qui accompagne le fait d'être en vie. Immanquablement en tous cas c'est la porte ouverte à tous les jugements que l'esprit accumule dans le dessein de proroger la grande illusion de notre existence en tant qu'individus séparés, plongés dans la saga d'une vie chargée de sens. Alors qu'il ne s'agit en fait que d'une exquise et brillante métaphore qui ne fait jamais qu'inviter le rêveur à s'éveiller.

Alors c'est la conscience qui choisit l'action, bonne ou mauvaise ?

La conscience est, simplement. C'est de l'énergie qui se manifeste en dehors de tout intérêt pour les concepts que notre mental peut avoir à propos du bien ou du mal, des objectifs ou du sens. Elle est absolument impersonnelle et n'a aucune direction particulière. Elle joue au jeu de la création et de la destruction.

Mais qu'en est-il du roman ?

Le roman, d'une certaine manière, est illusoire parce qu'il n'a ni début, ni milieu, ni fin, et que ce n'est vraiment que l'énergie qui se produit intemporellement. La conscience choisit d'avoir des expériences différentes et variées sans autre raison que de les avoir.

Ainsi nous n'allons nulle part ?

Rien ne va nulle part, et rien ne se produit dans

le temps. Il y a seulement “ ce qui est, tel que c’est ”. Mais voyez par vous-même “ qui ” pose ces questions. Couper ainsi les cheveux en quatre n’est qu’une autre manière pour l’esprit d’éviter “ ce qui est ”. Détendez-vous et demeurez simplement dans l’absence de tentative de tout savoir sur tout. Le désir de connaître la réponse est une façon d’essayer de garder le contrôle. Ici nous ne faisons qu’échanger des concepts. Une certaine clarté peut se produire et certaines croyances peuvent être abandonnées. Mais “ qui ” demande ce que la conscience veut et où elle va ?

Serait-ce que vous voudriez connaître toutes les règles du club avant de vous y inscrire ? Autant vous le dire tout de suite : vous faites déjà partie du club. Vous ne pouvez rien y faire.

Vous êtes la vie et c’est tout ce que vous êtes. Vous êtes l’expression infinie et même au moment où vous posez la question, il est possible que vous puissiez voir la réponse dans la question même. Laissez tomber les “ pourquoi ” et soyez simplement totalement immergés dans le miracle absolument merveilleux de la vie, juste telle qu’elle est, ici même, en l’instant même. Ne pouvez-vous voir que quoi qu’il se produise pour vous en ce moment même ne s’est jamais produit auparavant et n’arrivera plus jamais ? C’est totalement unique, frais et innocent, c’est ici et ensuite ne l’est plus. N’est-ce pas étonnant ? Et là, cela vient juste de se produire à nouveau, et vous l’avez manqué parce que vous voulez poser une autre question à propos de la conscience, et de ses intentions à l'égard de ce bon vieux petit " vous "... Oubliez donc le jeu de la prise de tête et laissez simplement les choses suivre leur cours. Le syndrome de la question et de la réponse peut durer indéfiniment et le mental nous persuade souvent que la prochaine réponse que nous ne manquerons pas de trouver à la page suivante pourrait bien emporter le morceau pour nous.

Vous n'avez plus besoin de cette personne imaginaire, vous savez ! Cette personne qui continue, continue et continue encore à poser des questions, à tout juger, tout calculer – laissez-la simplement tomber. Vous n'avez jamais, au grand jamais, eu besoin de cette personne, sauf qu'elle vous a amené à vous asseoir ici en ce moment, pour entendre que vous n'avez jamais eu besoin d'elle. Maintenant laissez-la tomber à jamais et permettez à la vie d'avoir lieu, sans donnée centrale ni point fixe illusoire. Abandonnez le contrôle et vivez dans le chaos. Tombez amoureux de cela, ici, tout de suite. Soyez totalement amoureux de " ce qui est " et laissez tomber cette prétendue histoire personnelle qui paraît étayer ce " quelqu'un " imaginaire et semble le rendre réel. Elle apparaît si importante, tellement significative, et pourtant elle ne veut absolument rien dire du tout.

☆

Qu'est-ce que vous diriez à propos du choix ?

Quand l'éveil se produit, il est clair qu'il n'y a

jamais eu personne pour l'atteindre. Il est également reconnu que tout au long de la vie apparemment " menée " auparavant, il n'y a jamais eu " quelqu'un qui choisissait " ou " quelqu'un qui faisait " quoi que ce soit. Tout ce qui est arrivé, du plus infime pet de lapin à ce qui paraissait être la décision la plus capitale, n'aurait jamais pu être autre en quelque façon que ce soit.

Il n'y a donc ni bien ni mal à faire quoi que ce soit ?

Il n'est plus question de bien ou de mal. Ce qui est vu, c'est que l'apparente entité séparée n'est qu'un personnage rêvé dans un roman, et vécu par l'énergie divine, qui est tout ce qui est. Cette apparente entité séparée semble posséder certaines prédispositions et caractéristiques, et ses choix apparents sont induits par le conditionnement et l'histoire de ce personnage entièrement vécu par le souffle de la vie.

Alors qu'en est-il du libre arbitre ?

Il n'est aucunement question de l'existence d'un libre arbitre, simplement parce pour commencer il n'y a personne là pour posséder une volonté ou exercer un choix quelconque. Demandez-vous d'où proviennent les pensées et, si vous êtes vigilant, au bout d'un certain temps, vous vous apercevrez qu'elles ne sont pas vôtres. Elles émergent, apparemment de nulle part, se produisent, durent un moment et ensuite s'estompent pour disparaître complètement. Vous n'êtes pour rien dans leur origine.

Je pourrais donc aussi bien rester ici à ne rien faire.

En fait, c'est encore un autre choix apparent. Vous ne pouvez vous empêcher de respirer et vous ne pourrez rien faire contre le fait à un moment donné de vous lever et de sortir de cette pièce. Tout est simplement en train de se produire constamment *à travers* vous. Un formidable soulagement se fait jour dès que cette réalisation est acceptée ; toute culpabilité tombe, il n'y a plus de regrets, et ce qui est vu, c'est que vous avez été amené à vous asseoir ici pour entendre précisément cela. Se débattre et lutter sans trêve peut enfin cesser et l'effort déployé pour faire " fonctionner " sa vie perd d'un coup tout attrait. Se détendre et permettre à la vie de s'écouler à son propre rythme ouvre vers une autre possibilité.

Mais comment est-ce que je paye mes hypothèques ?

Cela n'a pas besoin d'être un problème. La manière dont le corps/mental fonctionne se poursuit tout simplement. Rien ne change apparemment, mais tout est *transformé*. De la créativité spontanée, dénuée de peur, *peut* surgir une profonde harmonie avec le quotidien. Mais cela doit toujours être une considération secondaire et n'est jamais garanti.

Mais comment savoir ce qui est bon ou mauvais pour moi et ceux que j'aime ?

Vous ne le saurez pas et d'ailleurs ne l'avez jamais su. Soyez ouverts à l'idée de vivre le reste de votre vie dans le chaos, abandonnez-vous au fait de n'avoir plus à connaître quoi que ce soit. C'est merveilleux.

Vous ne pouvez suivre que ce qui vous semble évident. Votre travail, vos relations, etc., tout cela a une certaine caractéristique, engendrée à travers vous par la conscience. Le déroulement de votre vie s'est produit exactement comme il le fallait – totalement adéquat d'un bout à l'autre. Cela va continuer et rien de ce que vous ferez ne sera ni bien ni mal, ce sera simplement " ce qui est ". Alors, détendez-vous donc et laissez tout cela se produire, parce que de toute façon cela va arriver. Le soulagement, c'est d'abandonner cette apparente voix intérieure, qui vous dicte comment vous devriez être ou agir. Laissez-la tomber tout de suite, ici même. C'est un leurre qui ne fait qu'obstruer le chemin.

En ce qui concerne ceux que vous aimez, vous ne pouvez vivre qu'au travers de ce que vous comprenez. Vous n'avez aucune responsabilité d'aucune sorte pour qui que ce soit ni quoi que ce soit. Il n'y a personne là, et il n'y a jamais eu personne là qui puisse prendre une responsabilité quelconque.

Etes-vous en train de dire que nous n'avons de responsabilité pour rien ?

Qu'est-ce que vous en pensez ?

Je crois avoir participé à la création de ma fille et par conséquent devoir l'aider à vivre dans le monde du mieux qu'elle le peut.

C'est probablement tout ce que vous pouvez faire pour le moment, mais comment avez-vous participé à sa création ?

J'ai aimé sa mère et c'est ma semence qui s'est réunie à son ovule pour commencer tout cela.

Qui a choisi de faire l'amour à la mère ?

C'est moi, bien que cela ait été probablement mutuel en ces temps-là.

(rires).

D'où la pensée de lui faire l'amour est-elle venue ?

C'était plutôt comme une envie irrésistible.

Qu'est-ce qui a instigué en vous cette envie ?

Quand j'y pense maintenant, ça m'a semblé, et cela me semble encore, émerger de nulle part en particulier.

Suggérons alors, si vous le permettez, que la conception s'est produite totalement en dehors de votre volonté – cela c'est simplement produit.

Peut-être, c'est possible.

Donc où était, où est, ce désir que vous avez remarqué au début ?

Une sorte de vibration commence dans mon corps, suivie par la pensée " j'aimerais faire l'amour ".

Et quelle en est l'origine ?

Je ne sais pas vraiment.
Alors qui la reçoit et en prend la responsabilité ?

C'est moi.
Quelle partie de vous-même ?

Eh bien, mon corps et ensuite ma pensée.
Et laquelle de ces choses-là est vous-même ?

C'est un amalgame de ces deux choses.
Donc vous êtes un mélange de différentes pulsions et pensées ?

Ça me paraît être ça.
Et de quoi êtes-vous conscient tout de suite ?

D'une excitation joyeuse.
Êtes-vous cette excitation ?
(longue pause)

Non ; c'est bon, j'ai compris à présent.
Compris quoi ?

Je vois que je suis cela qui regarde cette excitation se produire.

☆

Ne pensez-vous pas que c'est une bonne idée

d'utiliser la méditation conventionnelle comme manière d'éclaircir l'effervescence mentale pour que le corps/mental devienne plus réceptif à l'énergie d'illumination quand elle se produit ?

Si une méditation conventionnelle se produit, alors elle se produit. Il n'y a rien que vous puissiez y faire de toute manière. Cependant, il est possible de comprendre qu'il n'est personne là-dedans qui puisse choisir. On peut aussi voir que l'idée même d'effervescence mentale et de corps/esprit est une illusion. Immergez-vous profondément dans votre conscience et interrogez-vous de façon persistante : qui est ce “ qui ” allant méditer? Qui s'approprie effervescence mentale, ou blocages émotionnels ? D'où viennent-ils ? D'où viennent pensée ou émotion quelles qu'elles soient ? Et aussi, dès que l'on se donne à “ ce qui est ” se produit une méditation continue et vivante et, à partir de là, il ne semble pas y avoir de raison pour laquelle on devrait la formaliser. Cela arrive dans cette pièce en ce moment même. Chacun médite et chacun est méditation. Parvenez à voir que, tandis que vous posez une question, l'usage même de la voix est l'expression infinie. La réponse n'est pas nécessaire – mais encore une fois, votre écoute de la réponse est aussi l'expression infinie, que vous la compreniez ou non.

Etes-vous en train de dire que les processus thérapeutiques, disons, les conseils et l'orientation psychologique, la renaissance par la respiration, etc., ne sont d'aucune valeur dans le but de préparer quelqu'un à être plus ouvert à la libération ?

Il n'est personne à préparer à la libération, car il n'est personne à libérer.

D'accord, mais quelqu'un qui est plus en accord avec lui-même n'est-il pas plus ouvert et plus disponible ?

Tout ce que nous avons alors, c'est quelqu'un de plus heureux avec lui-même. Aucune condition n'est requise préalablement à l'éveil. Il n'y a pas de règles. Nous parlons ici d'une énergie, d'une lumière source de tout ce qui est. Cette énergie est impersonnelle. Elle ne s'intéresse absolument pas à ce qui se passe apparemment pour un corps/mental illusoire. En fait, ce qui se passe, c'est *rien*. Ce n'est qu'un rêve. Je dirais que l'énergie divine peut tout balayer en un geste intemporel, mais cela n'est pas nécessaire. Les ténèbres ne sont qu'apparentes – l'illusion qu'il n'y a pas là de lumière. Il n'y a pas différentes textures ou niveaux de ténèbres. Quand la lumière paraît, il n'y a pas d'obscurité. Et tout comme il n'y a pas de niveaux de ténèbres, il n'y a pas non plus de niveaux de progression vers la lumière.

Le problème avec la thérapie, c'est qu'elle présume l'existence d'un problème. En termes psychologiques, il semble y avoir un voyage partant des ténèbres, traversant une profonde grisaille, pour arriver à un gris plus pâle, plus supportable. Quelqu'un peut paraître progresser à partir d'un état de malaise, ou même de détresse, vers un état meilleur

– c'est alors de cette manière que la conscience veut se vivre elle-même. Mais en ce qui concerne l'éveil, rien ne se passe en réalité, parce que l'éveil émerge quand le soi apparent séparé n'est plus.

Mais qu'en est-il de choses comme le yoga ? Ces techniques peuvent sans aucun doute nous rapprocher d'une acceptation du rien ?

Une entité séparée ne peut se rapprocher d'elle-même de sa propre destruction. « L'agissant » ne peut entreprendre une pratique pour découvrir le non-agir. Toutefois, ce qui se passe pour chacun est unique et lui est exactement approprié, et, si cela doit inclure méditation ou yoga, alors c'est ce qui arrivera. Tout ce qui arrive en apparence contient l'invitation, y compris le fait de manger un hamburger, de faire voler un cerf-volant, ou de se tenir assis dans la position du lotus. Ce n'est que notre intention ou notre attente qui se met en travers.

Êtes-vous en train de suggérer que l'éveil peut arriver à tout le monde, à n'importe quel moment, indépendamment de l'état dans lequel on peut être ?

Oui, c'est ce que je dis. En fait, je connais une antiquaire qui ne portait absolument aucun intérêt à tout ce dont nous parlons ici. Alors qu'elle conduisait sa voiture dans le cadre de ses activités, l'éveil s'est tout simplement produit et, après coup, elle n'a pu le décrire que comme un irrésistible sentiment de se retirer simplement à l'arrière-plan, avec tout le reste paraissant occuper le devant de la scène. Dans son cas, cela a totalement changé sa vie. Il n'en va certainement pas toujours ainsi, et il y a des gens qui continuent exactement comme avant mais simplement avec une perception radicalement différente. Soyons clairs à ce propos : l'infini est tout ce qui est, et, en conséquence, les règles ou les critères que nos esprits chercheraient à instituer pour quelque éveil que ce soit n'ont tout simplement pas cours.

Donc, il n'y a aucune manière de se préparer afin de devenir un meilleur réceptacle ?

Encore une fois, vous voyez cela uniquement du point de vue de l'individualité séparée. Il n'y a pas de réceptacles, vous êtes déjà l'expression infinie. Très précisément, la façon dont vous êtes, la façon dont vous parlez, la façon dont vous regardez et vous vous mouvez est totalement unique... personne d'autre ne peut être comme vous en quelque manière que ce soit. Vous êtes l'expression divine de la conscience, qui est vous même jouant l'expression de votre nature propre. Cette lampe " lampise ", cette carpette " carpettise ".

Tout ce que vous avez jamais fait, de la décision la plus capitale au geste le plus infime, n'aurait jamais pu être différent. Cela a toujours été parfaitement approprié et il en sera de même à tout instant du temps apparent. Alors comment puis-je vous dire comment vous y prendre ou comment être lorsque vous êtes déjà Cela ? N'est-il pas ridicule que des gens se mettent à dire à d'autres comment être dans le but de découvrir qu'ils *sont* déjà. C'est la folie du mental ! Essayez de changer ou de s'améliorer dans l'espoir que quelque chose de l'ordre de l'illumination se produise n'a aucun sens. C'est déjà en train de se produire en permanence, et en même temps rien d'autre ne se produit que l'invitation. Tout ce que vous pouvez faire, c'est en arriver à voir qu'il n'y a rien que vous deviez faire. C'est un pas prodigieux, c'est révolutionnaire.

☆

Je trouve que, parfois, dans la méditation conventionnelle, il semble qu'il n'y ait plus personne là, et simplement un vaste rien ouvert, qui donne aussi l'impression d'être très vivant. Mais quand j'arrête cette méditation et reviens à ma vie quotidienne, cet espace n'est pas apparent. Comment réconcilier ces deux situations ?

Cette présence est disponible dans toutes les situations, et quand elle est rencontrée pour la première fois, elle semble être extrêmement intense et puissante. Quand la lumière dissipe ce qui semble être les ténèbres, il y a un impact initial, qui est très reconnaissable. Cependant, au fur et à mesure que la lumière devient plus constante et qu'il y a moins de ténèbres apparentes, survient l'acceptation qu'il s'agit là de la manière d'être naturelle. Quand la lumière prend le pas sur les ténèbres, le besoin de méditer diminue. On constate aussi qu'il y a des périodes d'éveil naturel et des périodes d'assoupissement apparent.

Une fois accepté que tout est expression infinie, ces différentes périodes ne semblent plus alors avoir d'importance. Quand il se produit encore un besoin de vivre l'un plutôt que l'autre, c'est que la réalisation complète ne s'est pas encore produite – et cela aussi est l'expression infinie.

Vous parlez de lumière dissipant les ténèbres comme si c'était un processus inscrit dans le temps. Est-ce que cela n'est pas contradictoire avec le fait qu'il n'y a aucun processus ?

" Aucun processus " se réfère à la réalisation, surgie après l'éveil, que personne ne pourrait l'avoir atteint et qu'aucun processus ne pourrait le provoquer. D'une autre manière, tout ce que nous faisons et tout ce que nous sommes pourrait être appelé un processus nous menant aux berges du fleuve. Tout est invitation, y compris ce pas de danse qui a lieu entre éveil et assoupissement. Et il est visible qu'il n'est personne qui puisse faire quoi que ce soit pour faire délibérément advenir aucun de ces deux états. Il semble aussi que la lumière dissipe les ténèbres apparentes sur une période de ce que nous croyons être le temps. Cependant, quand cela se passe, cela se passe dans l'intemporalité de " ce qui est ".

☆

De nombreux maîtres ont recommandé la méditation comme une manière d'arrêter les mouvements de l'esprit ou en tout cas d'aller au-delà. Qu'en pensez-vous ?

Pourquoi arrêter le mental ?

Parce qu'il me détourne de la paix et de la sérénité que je souhaite si ardemment.

Où est le mental en ce moment même ?

Il est juste ici, qui me parle, questionnant et analysant ce que vous êtes en train de dire.

Le ressentez-vous comme le travail du mental ?

Oui. En premier lieu, c'est lui que j'utilise pour comprendre et contrôler ce qui se passe dans ma vie.

Et où êtes-*vous* ?

Je suis ici (pointant vers la tête), dans l'information qui me permet de répondre à cette question.

Eh bien, est-ce que vous vivez dans votre tête avec cette information tout le temps ?

La plupart du temps je passe la plus grande partie de ma journée immergé dans la pensée.

Et qui voit que ça se passe comme ça ?

Moi.

Et vous voyez comme ça le mental fonctionner et les pensées surgir et disparaître ?

Oui.

Cette activité est-elle ce que vous êtes ?

(longue pause)

Non, je ne ressens pas exactement cela comme ça.

Est-ce que vous avez alors le sentiment de quelque chose qui regarde ces activités qui surgissent et disparaissent ?

D'une certaine façon. Il semble qu'il y a quelque chose au-dessus et en retrait en train de regarder en ce moment même.

D'accord, et à quoi ressemble cet endroit ? (longue pause)

C'est comme un vide qui ne manifeste absolument aucune préoccupation pour ce qui se passe.

Pas de jugement.

Non. C'est un simple voir.

Que pensez-vous que ce soit ?

Il me semble que c'est le fond de tout ce que je suis.

Et à quoi ça ressemble- t-il ?

C'est très tranquille, mais aussi très vivant.

Eh bien, c'est chez vous, c'est cela même, c'est déjà ce que vous êtes. (longue pause).

Oui, c'est ça ! Et je l'ai connu auparavant, mais cela semble aller et venir.

En réalité, ce que nous sommes n'a rien à voir avec des esprits tranquilles, la mort d'egos, la purification ou aucune de ces idées qui nous ont été inculquées à propos des états dans lesquels nous devrions nous trouver. Ces types d'enseignements - là gravitent autour de prédispositions personnelles, égotiques. Il est toujours attrayant pour le mental de se voir offrir une méthode ou une technique, comme celles de figer les pensées, ou trucider l'ego. Mais il n'y a aucune possibilité pour le mental d'arrêter le mental, et une fois reconnu que ce que vous êtes est la conscience tranquille, silencieuse, qui voit le mental et ses activités se dérouler, il est également réalisé qu'il n'est nul besoin de contraindre le mental au silence. Tout cela est très simple, en réalité – ce que nous sommes est simplement l'arrière-plan, attendant là que nous nous posions quelque part et contemplions toute cette affaire. Dès que cela se produit, nous commençons à avoir un aperçu différent sur ce que nous sommes.

☆

Il y a eu des maîtres illuminés très charismatiques et qui ont aussi été capables de magie, de manifestations, et de tout ce qui s'ensuit. Des gens ont rapporté de très fortes expériences physiques, émotionnelles et mentales non seulement en présence du maître, mais même à des milliers de kilomètres de lui. De quoi s'agit-il ?

Il s'agit de personnes très charismatiques et qui ont le don de manifestation ou de magie. Ce n'est rien de plus que n'importe quelle autre chose de quelque portée sur la roue de la vie. Une personne m'a dit récemment qu'elle avait regardé dans les yeux un soi-disant maître et qu'elle avait disparu pendant un moment. Mais si cela avait une signification quelconque, pourquoi était-elle encore en train de poser des questions ? Il ne se produit là rien de significatif avec ces phénomènes qui soit différent ou plus libérateur que de vendre des hamburgers sur la place du marché. Les difficultés surviennent quand les gens croient que ces sortes d'événements démontrent en quelque sorte une certaine forme d'illumination personnelle. Par la suite, ils en viennent à révérer ces personnes et cela crée un clivage. Ils voient ces êtres apparemment magnifiques et immédiatement en viennent à croire qu'ils ne pourront jamais atteindre un tel niveau d'importance. C'est une autre manière d'éluder l'éveil. Il s'agit, bien sûr, encore une fois, de l'expression infinie désirant avoir cette expérience ; mais il en va de même pour ma réponse à cette question, et pour le fait que vous soyez assis là à l'entendre.

Qu'est-ce que cela signifie pour moi ?

Demandez-vous ce qui se dit ici, et en quoi cela peut apporter une clarté.

De quelle manière ?

Bon, voici un tapis sur le plancher – il n'a rien de spécial – c'est juste un tapis, très ordinaire. Je suis en train de vous suggérer que c'est l'expression infinie ; c'est la porte ouverte vers la libération. Il est possible pour vous d'ouvrir les yeux et de voir dans ce tapis qu'il n'est pas de soi séparé. C'est ce que le tapis vous dit – n'est-ce pas étonnant ? Un simple tapis, qui peut vous dire et vous donner plus que toutes les richesses que ce monde peut offrir. Vous allez voir quelque chose qui va complètement transformer la totalité de votre perception de la vie. Quelque chose qui est plus vaste et plus merveilleux que tout ce que vous pouvez imaginer. D'un autre côté, avec le don mentionné plus haut, je pourrais transformer cette carpette en or massif et vous donner quelque chose qui vaudrait probablement des milliers de dollars. Lequel de ces cadeaux voulez-vous ?...

Je ne peux vous donner une carpette en or, et je ne désire nullement insulter cette chose magnifique posée sur le sol qui peut tant nous dire.

Ce dont nous parlons ici aujourd'hui, c'est de l'ordinaire – de l'incroyable magnificence de l'ordinaire, incroyable à vous en couper le souffle. Toujours et à jamais simple, apparemment anodin et si souvent négligé pour la recherche de quelque chose de magique. Instantanément, ici-même, est l'ouverture sur ce que nous sommes. S'il y a un besoin chez les gens de voir de la magie, il y aura toujours des magiciens pour satisfaire ce besoin, mais rien de cela n'a de rapport avec l'éveil.

Mais est-ce que ces personnes n'utilisent pas ces choses-là comme un carton d'invitation qui peut attirer les gens à eux, afin que, plus tard, elles puissent les aider à aller vers l'illumination ?

D'abord, il n'est personne qui puisse aider qui que ce soit à atteindre l'illumination. Ce n'est pas une question du genre Dupont apprenant à Durand à conduire une voiture. S'il n'est personne là, il est possible que les systèmes de croyances illusoires qui peuvent être à l'origine de la confusion des gens puissent s'effondrer à la faveur de cette absence pour déboucher sur une nouvelle compréhension. Mais il n'y a pas là quelqu'un tentant d'aider quelqu'un autre ; la compréhension simplement survient dans cet espace incommensurable. Toutefois, s'il y a des gens qui croient qu'ils se sont personnellement illuminés, ce qui est une contradiction dans les termes, et qu'ils éprouvent le besoin d'aider les autres, alors il est probable que cela arrivera. La communication sera évidemment de nature dualiste et cela attirera des gens qui ont encore eux-mêmes une attirance pour la confusion ou la dépendance. Je connais quelqu'un qui est allé voir un gourou indien pendant de nombreuses années et qui a joui de nombreuses " expériences spirituelles ". Cela a renforcé son sentiment pour ce qu'il considérait être des événements d'une grande portée. Il trouve maintenant très difficile de vivre sans ce réconfort et éprouve sans aucun doute de grandes difficultés à établir des rapports avec l'ordinaire.

Alors, qu'est-ce que nous recherchons chez un enseignant ?

C'est quelqu'un qui ne vous donne absolument rien et vous laisse dans un sentiment d'impuissance.

Il est possible que vous soyez laissé alors simplement avec “ ce qui est ”. Si quelqu'un vous dit qu'il y a quelque chose que vous pouvez faire ou qu'il y a une certaine attitude à adopter pour faire survenir l'éveil, il alimente simplement votre propre propension à esquiver l'éveil.

Que voulez-vous dire par là ?

Nous avons tous un désir profond et une profonde peur de découvrir ce que nous sommes, et le mental met en œuvre tous les artifices possibles pour éviter cette découverte. La manière la plus efficace qu'il a trouvée pour éviter l'éveil, c'est de le chercher.

Quand il commence à s'opérer une ouverture vers la possibilité révolutionnaire communiquée ici, le mental l'enregistre aussitôt comme une terrible menace. Chez certaines personnes, je m'aperçois que surviennent pendant une certaine période les peurs les plus profondes qu'elles aient jamais éprouvées, et elles se retrouvent alors assaillies par l'envie de s'enfuir ou de tenter de faire quelque chose concernant cette angoisse qui s'est emparée d'elles et les submerge. Cela peut être une période charnière et souvent c'est un moment où il y a recherche de diverses échappatoires.

Certains qui entendent ce message s'en écarteront à un moment donné pour rejoindre un enseignant qui semblera leur *apporter* quelque chose… un procédé, ou une manière d'être consistant à transcender la pensée, à vaincre l'ego, à être intègre, moral, et ainsi de suite. D'autres seront également fortement attirés vers ceux qui leur offriront de les aider à obtenir quelque chose qu'ils nomment l'illumination. Habituellement ces enseignants sous-entendent que d'une façon ou d'une autre ils sont tout à fait uniques, et ils agissent souvent de manière à ce que se crée une dépendance chez leurs adeptes. Tous ces types d'enseignements personnalisés sont sans rapport avec l'éveil, mais ils accaparent et satisfont énormément le mental, pour un temps.

Mais assurément il faut bien qu'il y ait une sorte d'élan intérieur pour trouver cette chose?

Encore une fois, il se produit l'acceptation que vous ne pouvez rien faire à propos de cette situation. S'il y a élan, il y a élan. S'il n'y en a pas, il n'y en a pas. Mais l'émergence de la libération n'est affectée par aucun de ces états, et dès que vous en venez à croire que vous devez être d'une certaine manière, vous êtes totalement passé à côté de la plaque, et votre enseignant aussi. Bien sûr, tout cela est le jeu de la conscience et ne diminue en rien la possibilité de l'éveil. Mais vous êtes assis là à écouter, et peut-être même à entendre, qu'il n'y a rien que vous puissiez faire, et certainement comprendre cela peut vous amener aux berges du fleuve.

Donc, en trois mots, il n'y a rien que je puisse faire ?

Vous avez seulement besoin de voir que vous ne

pouvez rien *faire* pour être ce que vous êtes déjà; ouvrez simplement les yeux et voyez que *ceci* est cela. Même votre question est la réponse à votre interrogation. Votre voix, alors même que vous parlez – le son qu'elle a, ce qu'elle évoque, les ondes sonores et votre timbre, unique, particulier, sa vibration au travers de la pièce et les autres gens qui l'entendent – c'est cela ! Oubliez la question, toutes les souffrances émanent de la question " Pourquoi ? ". Simplement laissez la question être là parce c'est la réponse. Ce qui est en train de se produire est unique et éphémère, simple, merveilleux. Et entendre cela est aussi pour nous la réponse à tous nos désirs. C'est ici, c'est ceci, c'est maintenant ; c'est déjà ce que vous êtes.

☆

Quelle est la différence entre la conscience et la présence ?

Il n'y a absolument aucune différence entre la conscience et tout ce qui pourrait être considéré " autre ", au-dedans ou en dehors de l'existence. Tout cela est un. Cependant, pour faciliter la communication, j'utilise le mot *présence* pour exprimer, de manière aussi précise que je le peux, ce sentiment d'une absence qui est absolument tranquille et silencieuse, impersonnelle et toujours constante et de laquelle tout et toutes choses émergent. C'est ce que vous êtes.

Vous parlez de la présence comme étant une qualité de l'illumination. Pourriez-vous en dire un peu plus ?

La manière dont je parle des qualités de l'illumination dans la première partie de ce livre est inadéquate, parce que la nature de l'illumination est impossible à décrire. Ce que j'essaie de faire est de décrire au lecteur un ensemble de qualités qui peuvent au moins être comprises. Dans cette compréhension, il peut survenir une intuition allant au-delà des mots et du mental - et qui ouvre les yeux véritables du lecteur. J'ai essayé d'indiquer que la présence est une quiétude accueillante et ouverte, qui est le fond de ce que nous sommes. C'est notre nature. A travers une constante attention à la conscience de " ce qui est ", il peut survenir un moment où il n'y a plus ni soi ni chercheur ; il y a simplement " ce qui est ". Bien que constamment disponible, cela devient apparent en ces moments-là; c'est ce que j'appelle " présence ".

Et à qui est-ce que cela devient apparent ?

À personne. C'est simplement là, simplement vu. Cela paraît emplir toutes choses quand le soi n'est plus. Il n'y a personne pour en être conscient ; c'est simplement " tel que c'est ". Et à présent nous avons encore une fois débouché sur un lieu, qui n'est ni intelligible, ni exprimable en mots.

Croyez-vous qu'il en soit ainsi ?

Non, je ne le crois pas, je le *suis*, tout comme vous l'êtes.

Qu'est-ce que cela signifie ?

Cela signifie qu'une fois que l'éveil se produit, il n'y a plus rien à croire ou rien dont on pourrait douter. C'est la fin de toutes les questions. À partir de là, tout est simplement " tel que c'est ". Il n'y a plus de " pourquoi " inquisiteur, amené à juger, ou souhaitant changer quoi que ce soit. La présence devient évidente dans cette situation.

Donc le soi ne revient jamais ?

Jamais comme avant. La perspective est totalement différente. Il y a là le sentiment de quelqu'un nommé Tony Parsons qui a certaines caractéristiques et prédispositions, mais il n'y a plus le sentiment d'une entité séparée, ou celui d'une donnée monolithique à partir de laquelle vivrait Tony Parsons. Tony Parsons n'est plus le centre de l'univers ou la personne imaginaire qui doit négocier avec l'existence. Tony Parsons est une simple énergie qui survient dans le jeu de la conscience, comme le bruit des voitures qui passent, vous en train de bouger la tête et le bruit de quelqu'un qui tousse. C'est comme si " je suis " était le fond de tout ce qui est et Tony Parsons un simple fragment de ce tout. Dans cette liberté réside la présence et elle n'a réellement aucune qualité qui soit descriptible.

Et est-ce que la clarté totale survient avec l'éveil ?

Il conviendrait de définir ce que vous entendez par clarté. Mais d'une façon générale l'éveil *est* l'avènement de la clarté. Lorsque vous entendez parler d'une nécessaire incarnation ou intégration d'un " éveil " pour que se dissipe l'obscurité apparente encore retenue dans le corps/mental, il s'agit en fait d'une " expérience " de libération, d'une expérience d'éveil qui ne s'est pas installé à demeure. Jusqu'à l'éventuelle émergence d'un éveil définitif, il peut encore subsister une grande absence de clarté sur la nature de la libération et souvent il demeure le malentendu qu'il y aurait une entité séparée qui puisse atteindre cette dernière.

Il y a aussi ceux qui adoptent immédiatement le rôle d'enseignants et se mettent à diffuser des messages confus qui ne sont tout simplement pas pertinents. Mais cela aussi c'est le jeu de la conscience.

☆

Où la pensée a-t-elle sa place dans tout cela ? Quel est son but ?

La pensée a son origine dans l'infini et retourne à l'infini. C'est une partie du jeu de la création. Il y a deux sortes de pensées : la pensée abstraite, et la pensée naturelle ou créative. La pensée abstraite est concernée par le futur et le passé apparents – est-ce que je vais gagner à la loterie, mourrai-je du cancer ou devrais-je méditer plus régulièrement ? La pensée naturelle, c'est, par exemple, " Il faut que je mette ce morceau de bois dans cette position pour pouvoir le scier en deux " ou bien " Je vais faire revenir ces oignons avant d'ajouter le riz ". Toutes nos pensées nous sont fournies par la conscience. C'est pourquoi nous n'avons aucune responsabilité. Si sur la durée d'une journée, vous observez d'où viennent vos pensées ou comment elles se produisent, vous découvrez, quand vous parvenez à leur racine, qu'elles ne sont pas vôtres et que vous n'en êtes pas l'origine. Quand nous découvrons cela, nous commençons à voir que nous n'avons aucun pouvoir de choix ni aucun libre arbitre. La vie se vit à travers nous. Nous sommes entièrement vécus et une des façons dont nous sommes vécus est par l'activité de la pensée.

Le rêve de la séparation est maintenu par la pensée abstraite. Nous sommes tous nés avec des caractéristiques particulières et nos vies prennent toutes une forme ou un dessein particulier. Après l'éveil, rien ne changera fondamentalement, et le corps/mental en lequel l'éveil s'est fait jour – que nous appellerons " l'éveillé " par commodité - continuera à suivre une manière particulière d'exister. La pensée abstraite peut encore s'y produire, mais la plupart du temps, le regard détaché est présent et au fur et à mesure de leur émergence ces pensées abstraites ne sont tout simplement pas accrochées. Il n'y a, la plupart du temps, aucune identification avec elles. La pensée naturelle commence à prendre la relève et ce que j'appelle la pensée créative émerge et se trouve également exprimée d'une manière ou d'une autre. Souvent l'expression de cet éveil peut se manifester dans un enseignement direct prodigué aux autres, mais la pensée créative peut s'exprimer dans tous les domaines possibles.

Alors, comment s'y prend-t-on avec la pensée abstraite ?

Encore une fois, vous ne pouvez rien " faire " avec. Mais tandis que vous vous ouvrez plus à la conscience et à l'acceptation de " ce qui est, tel que c'est ", il va se produire une libération de la contrainte née de l'identification à la pensée abstraite. Cela surviendra en dehors d'une quelconque intention de votre part, de sorte que vous pouvez abandonner tout jugement à propos de la pensée et lui permettre d'être là, sans l'idée que vous pouvez faire quelque chose à ce propos. Parvenez à voir que vous n'avez rien à faire à propos de la pensée. En définitive, vous réaliserez que vous n'êtes pas vos pensées, votre esprit, votre corps ou aucun autre objet, mais que, derrière tout cela, il y a, tranquille et constante, une apparente vacuité d'ou émanent toutes choses ; cela que vous êtes.

☆

Une fois que l'éveil se produit, est-il alors possible d'être omniscient ?

C'est une idée fausse, engendrée soit par l'ignorance soit par le désir de manipuler les gens. Dès que l'éveil survient, il n'est plus question du besoin de connaître quoi que ce soit. La connaissance, c'est ce que le mental assimile et utilise dans le but de contrôler ; l'éveil, lui, s'assortit de la vision, impersonnelle, que tout est unité. Il n'y a là plus personne qui ait besoin de savoir quelque chose. Il y a célébration de la racine de l'être en tout ce qui est. Soyons clairs ici : " tout ce qui est " signifie tout ce qui existe dans l'orbe de conscience de l'énergie de ce que je suis originellement.

Qu'est-ce que cela signifie ?

Cela signifie que la création se produit au travers de la forme de ce voir, cette conscience que vous pouvez, par souci de clarté, appeler Tony Parsons. Je suis la lumière qui permet à cette création d'être – c'est, bien sûr, le monde entier, la totalité de la création présente en cette conscience. Vous êtes la lumière qui crée la totalité de votre monde. Autrement dit, nous sommes tous des dieux, mais la plupart d'entre nous croyons être des individus, ou nous considérons comme une part du tout.

Donc vous ne possédez ni le pouvoir de tout connaître, ni celui de tout voir ?

Pourquoi le voudrais-je ? Une fois que l'éveil se produit, il n'y a simplement et absolument plus rien que l'on ait besoin de posséder – c'est la fin de tout besoin. C'est une plénitude totale, mais qui est aussi toujours en mouvement et perpétuellement vivante, ce n'est pas une béatitude figée dans sa perfection, comme certains voudraient que nous le croyions. Il y a quelque chose de vraiment mort dans ce dernier concept. Il n'y a plus aucun besoin de savoir quoi que ce soit, parce qu'il n'y a plus aucun besoin de parvenir où que ce soit.

Mais si vous voulez aider les autres, est-ce que ces pouvoirs ne sont pas utiles ?

Il n'y a plus ni besoin, ni désir, d'aider qui que ce soit. Chaque chose et chacun, en ce qu'il est, est lumière, expression infinie. J'essaie de vous dire que vous n'avez pas besoin d'aide. Tel que vous êtes est précisément tel que ce doit être.

Mais nous ne le savons pas ?

Vous ne savez pas cela ? C'est votre réalité, et " ne pas savoir " est aussi expression infinie.

Mais vous ne voulez pas m'aider dans ma souffrance ?

Je ne peux pas vous aider. Je ne peux vous amener nulle part, car il n'est nulle part où vous ayez besoin d'aller. Je peux seulement vous suggérer de commencer à vous ouvrir à l'idée qu'il n'y a personne pour souffrir.

Alors qu'est-ce que vous faites ici ?

Rien. Il n'y a personne là faisant quoi que ce soit. Il y a une énergie sous une forme, qui discute de quelque chose avec une énergie sous une autre forme. C'est tout ce qu'il y a.

Mais s'il n'y a nulle part où se rendre, alors il n'y a de but à rien, semble-t-il.

Et cette réalisation est le début de la libération. Nous sommes tellement enferrés dans cette croyance que nos vies comportent une sorte de dessein qu'il nous faille réaliser. Nous passons notre temps à lutter pour réaliser les idées que nous nourrissons sur la chose que nous devons faire, ou à laquelle nous devons parvenir pour être quelqu'un de valable. Bien sûr, nous n'y arrivons jamais, parce que nous essayons de réaliser une idée quelconque qui n'est, de toute façon, qu'imaginaire. C'est la poursuite de quelque chose sur un horizon constamment en fuite. Cette activité effrénée renforce le sentiment de lutte individuelle et ainsi le jeu se poursuit. Tout sentiment qu'il n'y a nulle raison à toute cette activité est une menace pour l'esprit, mais quand il y a acceptation et abandon au fait qu'il n'est aucun but, une nouvelle merveille peut émerger.

Suis-je une création de la conscience ?

La conscience est tout ce qui est, et il n'est rien qui n'émerge de la conscience. La croyance en un petit soi est la conscience qui s'identifie en tant qu'entité séparée, en tant que “ moi ”. C'est un jeu de cache-cache.

Donc je suis illusoire ?

Le sentiment d'être une entité séparée est illusoire. La présence est ce que vous êtes.

Je ne peux donc être responsable de rien, parce que je ne fais aucun choix ?

C'est ça. Comment un soi illusoire, séparé, qui n'a aucun pouvoir de choix, peut-il être responsable ?

Pourquoi y a-t-il un sentiment de séparation ?

C'est ça le jeu. L'infini est au repos et ensuite l'infini s'anime. Une partie de ce jeu - dont vous êtes l'auteur - est d'avoir l'expérience de se sentir séparé pour ensuite opérer un retour chez soi. Cela arrive à tout le monde, mais pour la plupart, cela arrive au moment de la mort du corps/mental. L'infini s'amuse de l'expérience de la limitation, assortie d'une possibilité de libération.

Pourquoi ?

Il n'y a de réponse à cela qu'au moment où il n'y a plus de question. Du point de vue de l'individu séparé, tout semble injuste, mais du point de vue de l'éveil, tout est approprié, tout est à sa juste place.

Mais pour ceux qui ne s'éveillent pas, il y a toujours quelque chose qui manque.

Il n'y a pas nécessairement conscience de quelque chose qui manque. De nombreuses personnes n'ont même jamais entendu parler du mot illumination, et bien que chaque désir soit en fin de compte le désir du retour chez soi, ces personnes " sont vécues " par l'infini à leur manière, propre et unique.

Mais elles souffrent aussi.

Elles souffrent et elles se réjouissent en proportion directe de leur besoin. Il y a un équilibre unique pour chacun, et ainsi l'oscillation entre négatif et positif crée cet équilibre précis et invite les gens à regarder au-delà de ce qui se passe, vers une autre possibilité. À la mort du corps, chacun retourne simplement à ce qu'il est déjà, qui est le divin au repos.

Même des gens comme Hitler ?

Oh, absolument*. Lui, comme tous les autres, a joué le personnage choisi par la conscience et la mort est simplement un retour à la source d'où le personnage était apparu. L'aimé joue chaque rôle de la pièce, même le rôle de croire qu'il est séparé. À la fin de la pièce, l'aimé est simplement l'aimé. Du point de vue du soi séparé, tout est jugé en termes de bien ou de mal et il semble exister un conflit entre les deux. Cependant, ces événements et ce combat apparents ne sont vraiment qu'une métaphore pour une chose située au-delà de la bataille apparente. Une fois que l'éveil se produit, il est vu qu'il n'est pas de chose telle que le bien ou le mal.

Mais tout ce que vous dites n'est que conceptuel.

Tout ce dont on discute ici est conceptuel. La seule chose que nous pouvons tenir pour réelle est notre présence. Vous voyez, vous existez, n'est-ce pas ?

**Note de l'éditeur.*
Pour choquante qu'elle puisse paraître à certains, cette compréhension des choses rejoint pourtant l'expérience dramatiquement concrète de Ethy Hillesum, jeune juive hollandaise disparue en déportation, qui dans les magnifiques écrits qu'elle nous a légués sur ses dernières années, nous confie l'émergence de son amour incommensurable pour tous, et qui s'étendait jusqu'à ses bourreaux même.
Cf : *Une vie bouleversée* de Ethy Hillesum aux éditions du Seuil.

Oui.

Bien. Ainsi, en apparence, c'est tout ce qui se passe ici. Cependant, il y a aussi un mélange et un échange d'énergies et, dans ces situations, il peut y avoir une expansion, une ouverture qui se produit.

En fait, cette ouverture est continuellement disponible en toute situation, mais quand deux ou trois personnes sont réunies pour un partage dans ce type d'échange, il y a plus alors que simplement des concepts qui soient partagés.

☆

Vous dites que tout est expression de l'infini, cela englobe donc les tapis, la fenêtre et votre visage ?

Oui.

Êtes-vous un avec toutes ces choses ?

Pas un à la manière dont vous l'imagineriez, il est mieux de dire " pas deux ".

Et qu'est-ce ce que cela signifie ?

Quand l'éveil se produit, il est vu (non par " quelqu'un "), que tout est unité. Tout et chaque chose émane du silence et de l'amour inconditionnel. Il y a donc une transformation de la perception. D'un coup, il n'y a plus de personne séparée ici, – rien qu'unité. Dès que cela est vu, le fond de l'être, l'amour inconditionnel, est reconnu en tout ce qui est. C'est comme si, instantanément, tout recelait une présence d'amour, de bienveillance universelle.

Et cela est-il une constante pour vous ?

Vous voyez, le temps, la durée n'entrent pas vraiment dans cette perception-là. Pour être clair, en ce qui me concerne, c'est largement cela, mais il y a aussi contraction. C'est la danse qui se joue. Mais ici il est bien clair que libération et contraction sont toutes deux absolument OK. Il y a aussi, bien sûr, la vision constante que tout est l'aimé. Ainsi, il n'y a jamais le sentiment d'être perdu. Il n'y a plus de questions, nulle part où se rendre, rien de plus à devenir. C'est chez soi.

☆

Est-ce que l'ego se met en travers de l'éveil ?

Tout et rien obstrue le chemin de l'éveil. Cependant, il s'est produit beaucoup de confusions, spécialement à partir des enseignements venus d'Orient, concernant le besoin de vaincre l'ego, le mental, les pensées, etc., et rien de cela n'est pertinent. L'ego, le mental et la pensée abstraite, par exemple, sont tous l'expression infinie, et, si une de ces choses est active, alors elle le sera en dépit de cette idée que vous pouvez exercer une influence quelconque sur leur manifestation. Quand l'éveil se produit, tout est vu comme absolument parfait simplement tel que c'est. Le mental, qui n'est vraiment qu'une accumulation de pensées, continue simplement sur son petit chemin bien gentil et souvent bien stupide, mais il n'y a plus aucune identification à cela. Les effets de l'ego tendent à diminuer au fur et à mesure que le regard de la présence fait s'évaporer son identité illusoire. D'habitude, l'ego quémande une attention de tous les instants, comme un enfant, mais à partir du moment où il est simplement regardé d'un œil dénué de tout intérêt, il tend à s'étioler et à mourir.

Ce regard porté à l'ego n'est-il pas une sorte de dualisme ?

Quand le regard devient perceptible à l'entité séparée, il semble tout d'abord créer une distance et cela induit un sentiment de dualisme. Mais il n'est absolument pas question de séparation en ce qui concerne ce regard. Qu'il soit clair que nous ne parlons pas ici d'observation de soi, mais de la qualité d'un regard, qui n'appartient pas au soi.

Quelle est la différence entre dualisme et dualité ?

L'éveil, c'est la fin des effets du dualisme, c'est-à-dire du sentiment illusoire de séparation. La dualité, c'est reconnaître qu'il y a un mur là-bas, qui paraît être un objet, mais qui est aussi un reflet du fondement de tout être.

Alors, qu'est-ce que regarder ?

Regarder, c'est le regard constant de la conscience qui voit et se délecte de sa création. Sa nature est totalement impersonnelle, et pour l'entité séparée, c'est seulement une ouverture entre la séparation et l'être. Quand il n'y a plus un soi, et qu'il ne demeure que l'être ou présence, il ne s'agit plus alors de regard mais simplement d'une porte ouverte sur l'infini. Cependant, ce n'est pas non plus un processus qui peut être saisi et utilisé par l'esprit.

Donc, je ne peux me " faire " regard ?

Vous ne pouvez rien faire, parce que vous ne pouvez " faire " ce que vous êtes déjà. Vous êtes la lumière, qui permet à la création d'être. Voyez, cela se produit ici même, en ce moment même, dans tout ce qui vous arrive. Laissez simplement cela être là. Permettez au regard de se produire et laissez-le voir ce qui se passe.

Pas de question, pas de jugement, aucun désir de changement ou d'amélioration de quoi que ce soit.

Tombez amoureux de cela. Tombez-en amoureux intimement et tout le reste émergera. Et ne restez pas fixé sur une chose. Laissez tout ce qui se lève s'avancer jusque sur le devant de la scène et s'en retourner au rien.

☆

Y a-t-il vraiment besoin d'un gourou ?

La vie est le seul gourou. Tout ce qui est arrivé jusqu'ici est votre enseignement et est absolument approprié pour votre éveil. En ce moment même, c'est être assis dans cette pièce, entendre ces mots et peut-être les laisser pénétrer en profondeur. C'est la graine qui est lancée et qui tombe sur un sol fertile ou stérile. Vous êtes prêt à entendre quand vous êtes prêt à entendre. Vous n'avez besoin de rien, sauf de ce que vous avez. N'est-ce pas merveilleux ? Donc ne vous tracassez pas à propos de ce dont vous avez besoin ou pas. Tout est fourni. Lâchez prise et reposez-vous en " ce qui est " et vous ferez certainement la rencontre de l'aimé et redécouvririez votre nature originelle.

Alors il n'y a rien qui pourrait faire du tort à mon éveil ?

Tout mène à l'éveil. Même ce que votre esprit peut considérer comme nuisible vous rappelle l'existence d'une autre possibilité. Abandonnez simplement votre attachement et votre fascination envers l'histoire personnelle et laissez la vie avoir lieu. Quelque chose d'autre, d'une signification immense, va prendre la place de tous vos tracas et vous serez submergé par un sentiment neuf d'émerveillement. Tout va se teinter d'une qualité de bienveillance. C'est la manière d'être naturelle de la vie.

Avez-vous remarqué une qualité particulière chez les gens qui se sont éveillés grâce à votre action et pourriez-vous nous en dire quelque chose ?

Qui demande cela ? Si je disais que cette qualité-ci ou cette qualité-là peut amener l'éveil, le mental essaierait-il alors d'invoquer cette qualité ? Là ou l'éveil s'est produit, il ne s'est pas produit à cause de mon action ; il a simplement surgi là où il était censé le faire. Je dirai cependant qu'il y a une sorte d'innocence enfantine et un empressement à s'émerveiller. Mais nous avons tous ces qualités ; elles n'ont pas à être mises en exergue ou spécialement travaillées. C'est simplement que parfois elles se sont égarées.

Comment peut-on reconnaître un vrai gourou, un gourou honnête ?

Vous ne le pouvez pas. Vous pouvez, cependant, parvenir à réaliser qu'il n'y a pas de chose telle que la vérité, il y a seulement " ce qui est, tel que c'est ", en ce moment même. Qui que vous rencontriez le long du chemin, c'est ce qui est censé se produire. Si vous passez du temps auprès de quelqu'un qui paraît être un grand maître mais parle du fond de son ignorance, c'est l'expression infinie. Si vous écoutez un éveillé parlant avec clarté, c'est encore l'expression infinie, mais il n'y a aucune garantie que vous *entendrez*. Certains éprouvent le besoin d'être avec quelqu'un qui semble très spécial, magique et important. Je dirais : cherchez un enseignant qui ne vous donne rien du tout, ni espoir, ni méthode, ni offre personnalisée pour vous conduire où que ce soit, parce que, naturellement, il n'y a nulle part où aller.

Cherchez quelqu'un qui démolisse tous vos systèmes de croyances et qui vous ramènera en permanence vers " ce qui est ", ici même. Tout enseignement qui met l'accent sur la nécessité d'être sérieux, honnête, purifié ou transformé par un processus quelconque, n'est tout simplement pas pertinent. J'ai rencontré des personnes qui sont allées voir des enseignants orientaux très puissants et qui ont eu de nombreuses soi-disant expériences spirituelles. Ces personnes ont des difficultés considérables à accepter et à vivre avec l'idée du divin dans l'ordinaire. Elles restent encore en quête de l'excitation de ces soi-disant expériences spirituelles et ont très peu de temps à consacrer à l'idée qu'un seul pas pourrait être miraculeux. Il en résulte qu'elles sont souvent un peu perdues dans le monde ordinaire et continuent à chercher l'extraordinaire partout où elles le peuvent.

Mais l'illumination n'est-elle pas une chose extraordinaire ?

Non, pas du tout. C'est le point essentiel. L'illumination, c'est notre manière d'être ordinaire, naturelle. En comparaison de la séparation, l'éveil est extraordinaire. D'un coup, il n'y a plus de sentiment d'aliénation. Rien de particulier ne change dans la vie, à la différence près de la *perception* que l'on a de toutes choses.

Il est alors réalisé que ce que le monde tient et accepte pour normal est en réalité une sorte de folie hallucinatoire. Depuis la plus tendre enfance, il nous est continuellement enseigné que nous sommes de petites unités perdues dans un monde gigantesque, prêt à nous engloutir pour nous ruminer un temps et finalement nous régurgiter tout crus ! Il nous faut donc apprendre à composer avec cet état apparent d'aliénation permanente. Et ainsi nous recherchons le plaisir et fuyons la souffrance. Nous nous astreignons à l'effort pour réussir dans tous les domaines possibles, mais il nous faut aussi nous blinder pour le cas où nous serions assaillis par l'échec. Ce n'est qu'un interminable combat vers un meilleur ailleurs qui ne cesse de se refuser à nous.

Nous envisageons l'illumination de la même manière. Mais l'éveil à notre nature véritable nous place face à la merveille de l'immédiat, qui est la seule vraie sécurité.

Détendez-vous et reposez simplement dans le giron de " ce qui est ".

Il est possible alors que vos yeux s'ouvrent et qu'un vaste sentiment de gratitude vous emplisse.

Comment votre enseignant vous a-t-il aidé ?

Je n'ai jamais eu d'enseignant ou considéré quelqu'un comme un maître. J'ai su quand j'étais enfant que c'est la vie qui devait être l'instructeur. Je préfère le mot *invitation*. Cela s'est confirmé en traversant le parc.

Vous avez tout de même eu besoin de comprendre quelque chose à partir des écrits des autres ?

Oh, oui. Mon premier moment de compréhension vraiment profonde est survenu à la lecture d'une interprétation des paroles du Christ dans le livre *The New Man* (L'Homme nouveau) de Maurice Nicholl. Il y explique que le mot " repentir " ne signifiait pas " montrer de la peine pour ses péchés et s'engager à ne jamais plus pécher à nouveau ". Le mot, dans la langue maternelle du Christ, signifiait " effectuer un retournement à 180 degrés et voir à neuf ". Cela a été pour moi une révélation, qui pénétra plus profond qu'une simple compréhension intellectuelle. Dans l'enfance, je savais qu'il y avait un secret et je sentais que le Christ connaissait et vivait ce secret et que la plus grande part de ce qu'il disait s'y référait. Après ma traversée du parc, les écrits d'autres personnes sur ce sujet furent pour moi comme une confirmation, et j'ai aussi appris de ces personnes comment communiquer d'une manière plus claire.

Qu'avez-vous appris d'autre au travers de vos lectures à propos du Christ ?

À cette époque, j'en suis aussi arrivé à comprendre le sens derrière le symbolisme de la croix chrétienne. La vie est *en apparence* un voyage horizontal à travers quelque chose que nous appelons le temps. Cela semble osciller entre des expériences positives et négatives, et tandis que nous croyons être des individus séparés, nous essayons de rendre nos vies aussi positives que possible. Cependant, je le vois maintenant, chacun fait exactement l'expérience de l'une ou l'autre de ces polarités dans la proportion qui lui est nécessaire, indépendamment de ses efforts pour influer sur cet équilibre. L'apparent voyage horizontal n'a qu'un seul but : nous inviter à voir une autre possibilité. Cette autre possibilité est la réalisation de la verticalité. Nous sommes la ligne verticale qui coupe la ligne horizontale. Nous sommes la lumière qui vit dans les expériences de la vie ordinaire. Et c'est ce que le crucifix signifie.

Il y a autre chose que vous ayez appris ?

Oui, le pardon des péchés. Je sens que le Christ parlait très directement de ces choses-là à ses disciples mais que ce qu'il en disait au tout venant était souvent dissimulé derrière une parabole. Quand il disait aux gens que leurs péchés étaient pardonnés, il leur disait en réalité qu'ils n'avaient jamais eu de passé dont ils pouvaient être tenus pour responsables. Ils avaient été simplement des personnages vécus par l'infini, n'ayant jamais eu aucun choix, ni libre arbitre.

Pensez-vous que toute tentative d'organiser un de ces concepts le dévalue aussitôt ?

Le secret qui est disponible, et que vous êtes de toute manière, ne peut jamais être dévalué. La chose écrite ne le révèle jamais parce que ce secret est un trésor vivant, vital, intemporel. Et le mental s'en protégera en feignant de soutenir ce qui est en train d'être communiqué. Sa manière d'éviter ce qui lui fait le plus peur, c'est de le transformer en une méthode, en un système qui peut être formulé, empaqueté et délivré aux foules. Et il se trouve que cela contribue de manière très efficace à ce que le secret demeure caché jusqu'à son émergence, le moment venu. C'est arrivé à travers l'histoire et cela arrive aujourd'hui avec des enseignants qui souhaitent prendre le contrôle de groupes entiers.

Par exemple, certains enseignants donnent de nouveaux noms aux gens et, bien sûr, cela renforce leur sentiment d'individualité lié à une nouvelle identité, tout aussi séparée. Des groupes se forment dont les membres peuvent vivre en ashrams ou encore opter pour une forme d'appartenance beaucoup plus souple à l'organisation. Mais dans tous les cas il en résulte le sentiment d'être spécial et un retrait du reste du monde. Cela plaît énormément à l'esprit friand de gourous.

☆

Que puis-je apprendre de vous que je ne puisse apprendre par moi-même ?

Rien du tout. Vous comprenez tout ce dont nous discutons ici, mais vous pouvez ne pas nécessairement le reconnaître. Ce que vous *êtes* n'a rien à apprendre. Toutefois, l'entité séparée " apparente " se voit répéter ici qu'elle est une illusion. Les systèmes de croyances peuvent s'en trouver ébranlés jusqu'à s'effondrer et toutes notions d'espoir, de succès, d'échec ou de défaite, vaincues, de pair avec les concepts de bien et de mal. Tout ce qui reste, c'est *rien*. Et ce " rien " n'a nul besoin d'apprendre quoi que ce soit.

Vous êtes le divin se manifestant, alors quel apprentissage serait nécessaire ? Vous n'avez pas besoin de moi, ni de qui ni de quoi que ce soit. Si quelqu'un vous suggère qu'il peut vous amener à l'éveil, alors passez tout simplement votre chemin. Où devrait-il vous amener, alors que vous êtes déjà cette illumination ?

Alors, comment commencer à laisser à ce que nous sommes le loisir d'émerger ?

Cela a déjà commencé. Votre question même, votre désir même, en est le germe. Le germe contient tout le potentiel de l'éveil, et une fois dans le sol, cette graine peut être nourrie par votre déploiement dans la conscience absolue. Chaque fois que vous laissez tomber la pensée abstraite et êtes avec " ce qui est ", vous arrosez le sol et la graine continue à croître. Chaque fois que vous prenez conscience de la nature illusoire de votre conditionnement, il se créé un espace où peut fleurir la compréhension. Pendant ce temps, vous êtes sur le pont et vos vieilles peurs peuvent surgir et tenter de combattre. Mais au fur et à mesure que vous parvenez à voir la merveille et l'intemporalité de " ce qui est ", ces vieux conflits commencent à perdre de leur emprise et quelque chose de nouveau se glisse à leur place.

Qu'est-ce que l'illumination ?

Il n'est pas de mots qui puissent décrire l'illumination. Elle apporte avec elle, cependant, la réalisation qu'il n'y a jamais eu personne ni quoi que ce soit à illuminer.

Et pourtant certaines personnes sont illuminées et d'autres pas.

Il n'y a pas de " personne " qui soit illuminée ; c'est une contradiction dans les termes. Il n'y a pas de soi séparé et il y a déjà la lumière. Vous êtes la lumière, mais vous croyez à l'illusion de votre existence en tant qu'être séparé. Laissez tout simplement tomber la recherche et aussitôt c'est là. Il n'y a absolument rien à chercher.

Quelle est la relation chercheur/enseignant ?

Encore une fois, il n'y en a aucune. Dans l'éveil, il n'y a pas de relation, parce que la relation implique séparation entre deux, qui entretiendraient une sorte d'accord pour être en rapport l'un avec l'autre. Si le soi-disant enseignant n'est plus investi dans la séparation et s'est transporté au-delà de l'illusion du soi personnel, qui alors pourrait se relier ? Ce qui est perçu sous cette forme par le chercheur est une résonance de liberté, d'espace et de célébration. Il s'agit seulement de la reconnaissance de ce que le chercheur est déjà. Vous êtes la lumière ; abandonnez-vous simplement à cela et célébrez votre droit de naissance naturel.

Alors qu'est-ce que vous voyez que je ne vois pas ?

Rien de différent, mais ce qui est vu est désencombré. C'est simplement " ce qui est ". Cependant, dans ce qui est vu, il y a aussi l' " essence d'être " de l'amour inconditionnel, le fondement de l'être. C'est vu en tout et toutes choses, que ce soit un soi-disant coucher de soleil magnifique ou une poubelle pleine d'ordures. Chaque chose existe dans la lumière et émane du silence de la source. Il n'y a absolument rien ne générant pas ce fond de l'être. Tout est sacré, et nous marchons, parlons et passons notre temps dans ce qui n'est rien moins que le paradis.

(longue pause)

Mais est-ce que vous en savez plus que moi ?
Ce n'est pas du tout une question de connaissance. C'est une vision de quelque chose qui jamais n'arrive et jamais ne part.

Cette merveille peut-elle être approchée ?
C'est déjà " ceci ". De quelle manière cela pourrait-il être approché ? Dès lors que l'individu illusoire se meut en apparence vers quelque chose qu'il pense être là-bas, le point essentiel est manqué. Ce qui est recherché est dans le mouvement même du chercheur. Au moment même où le lecteur lit ces mots, c'est " tel que c'est ".

C'est si beau, pourquoi ne puis-je accepter cela et le laisser être comme ça ?
Vous êtes déjà " ce qui est ". Mais votre mental a peur de lâcher prise et nourrit encore l'idée que quelque chose de spécial devrait arriver.

Alors que puis-je faire ?
Commencez à permettre au regard d'émerger. Voyez que le mental essaie toujours de mener le jeu, de monopoliser la scène. Voyez cela sans jugement, et ce voir émerge du silence. C'est ce que vous êtes. C'est comme un projecteur de film toujours en

marche. Nous plaçons le film sur le projecteur et il joue l'histoire d'une vie avec ses hauts et ses bas, ses drames et ses conflits qui nous fascinent mais ne signifient rien. Ensuite le film s'épuise et parvient à son terme, la lumière du projecteur est toujours là. Vous êtes la lumière.

J'invite les gens ici à fermer simplement les yeux et à permettre à la conscience de reposer là où elle le souhaite. On découvre que la conscience se pose en un seul lieu à la fois et ensuite se déplace ailleurs et ainsi de suite. N'essayez pas de figer la conscience quelque part en particulier, parce qu'à nouveau c'est le mental qui essaie de se livrer à un processus.

La conscience peut se porter sur les sons, le corps, les émotions pour revenir au bruit d'une voiture et ensuite sur la respiration, et ainsi de suite. Des pensées peuvent survenir et repartir et la conscience va à nouveau se poser là où elle veut. Remarquez maintenant que s'il y a une réelle intimité avec la conscience de " ce qui est ", on s'aperçoit qu'elle repose seulement en un point unique et que tout le reste est diffus. Ce point unique est ce que j'appelle le point de vie. C'est " ce qui est, tel que c'est ". C'est l'invitation, la porte ouverte. Il peut encore subsister une apparente entité consciente, mais il est très possible qu'à ce point cette apparence s'évanouisse tout simplement et qu'il n'y ait plus que " ce qui est ". Voici l'absolue conscience. L'invitation a été apparemment acceptée. La porte a, semble-t-il, été toquée et en apparence s'est ouverte. En réalité, il n'est personne pour frapper et il n'est aucune porte à ouvrir.

Alors puis-je choisir d'être conscient de " ce qui est " pour accepter l'invitation ?

Vous pouvez apparemment choisir d'être conscient, mais au final il se fera jour qu'il n'y eu jamais " personne " pour choisir ou faire délibérément quoi que ce soit.

Par " qui " est-ce que ce sera reconnu ?

Par personne. Cela sera vu par la conscience absolue, qui est ce que vous êtes.

Ainsi, cet être-ci est dans le maintenant, ou encore vit dans l'instant ?

Non, il ne s'agit absolument pas d'être dans le maintenant ou de vivre dans l'instant. Cette terminologie implique qu'il y aurait quelqu'un qui pourrait se situer, ou vivre, dans quelque chose qui s'appellerait " maintenant " ou " l'instant ". Ces deux notions sont illusoires. Il n'y a pas de personne séparée qui puisse intentionnellement faire quoi que ce soit, et il n'y a rien de tel que maintenant ou l'instant. Où est *maintenant* ? Où est le prochain *instant* ? " Maintenant " implique qu'il pourrait y avoir un " ensuite ", alors où est ensuite ? Maintenant et ensuite sont tous deux des concepts temporels. Quand il n'y a que " ce qui est ", sans séparation apparente, il y a alors existence absolue, ou présence ; et cette intemporalité, cette lumière, ce silence, et cette tranquillité absolue, est ce que vous êtes. De nombreuses personnes sont venues entendre ces mots et, dès qu'elles s'ouvrent à cette possibilité, des moments de présence s'emparent d'elles.

J'ai le sentiment que vous avez quelque chose que je n'ai pas et je veux y parvenir aussi vite que possible.

D'abord, vous ne pouvez vous dépêcher d'arriver rapidement là où vous êtes déjà (*rires*). Intégrez cela réellement. Vivez avec et essayez de voir en profondeur ce que cela signifie vraiment. Le problème, c'est que vous pensez que quelque chose doit arriver. Vous attendez que quelque chose se produise. Or cela se produit vraiment continuellement, et simplement vous ne le voyez pas. Je n'ai rien que vous n'ayez pas. La différence, c'est que je ne cherche plus rien. C'est de cela qu'il s'agit et de rien d'autre. Abandonnez la recherche d'une chose qui devrait arriver et tombez amoureux, tombez intimement amoureux, du don de présence en " ce qui est ".

Ici, ici même, est le siège de tout ce que vous désirerez jamais. C'est simple, ordinaire et magnifique. Voyez-vous, vous êtes déjà chez vous.

À PROPOS DE L'AUTEUR

Tony Parsons est né à Londres en 1933. A l'âge de vingt ans, il s'est éveillé spontanément à la redécouverte de sa véritable nature.

Au cours des ans, il a partagé ce " secret ouvert " avec des amis ayant les mêmes dispositions d'esprit. Ce n'est que depuis 1996, quand Tony a commencé à communiquer la nature de son expérience au travers d'écrits, que des gens de toutes les parties de l'Europe ont commencé à éprouver une profonde résonance avec le message qu'il partage.

Tony prête à ses causeries et à ses œuvres publiées une profonde maturité et une vie entière de compréhension spirituelle. La clarté et le grand naturel avec lesquels Tony Parsons parle et écrit à propos de la vie dans la conscience illimitée et intemporelle sont rafraîchissants et authentiques.

Pour contacter Tony Parsons ou pour trouver d'autres informations à propos de ses causeries, de ses ateliers et de ses retraites, veuillez écrire ou envoyer un courrier à :

HDTV
Cranborne, Dorset
BH21 5PZ
Angleterre
Courrier : theconnections@btinternet.com
Site : www.theopensecret.com

Imprimé en France par CPI
en juillet 2022

N° d'impression : 170899